KB055185

11
Abnormal Psychology

신체 증상 및
관련장애

신현균 지음

_ 아무 이유도 없이 몸이 아프다면

학지사

'이상심리학 시리즈'를 내며

21세기를 살아가는 우리는 급격한 변화와 치열한 경쟁으로 이루어진 현대사회에 적응해야 하는 커다란 심리적 부담을 안고 있다. 이러한 현실 속에서 현대인은 여러 가지 심리적 문제와 장애에 직면하게 될 가능성이 높다.

정신건강에 대한 사회적 관심이 증대되면서, 이상심리나 정신장애에 대해서 좀 더 정확하고 체계적인 지식을 접하고자 하는 사람들이 늘어나고 있다. 그러나 막상 전문서적을 접하게 되면, 난해한 용어와 복잡한 체계로 인해 쉽게 이해하기 어려운 것이 현실이다.

이번에 기획한 '이상심리학 시리즈'는 그동안 소수의 전문가에 의해 독점되다시피 한 이상심리학에 대한 지식을 일반 독자들에게 소개하기 위한 것이다. 이를 위해서 다양한 정신장애에 대한 최신의 연구 내용을 가능한 한 쉽게 풀어서 소개하려고 노력하였다.

'이상심리학 시리즈'는 서울대학교 심리학과 임상·상담 심리학 교실의 구성원이 주축이 되어 지난 2년간 기울인 노력의 결실이다. 그동안 까다로운 편집 지침에 따라 집필에 전념해준 집필자 모두에게 감사드린다. 아울러 어려운 출판 여건에도 불구하고 출간을 지원해주신 학지사 김진환 사장님과 한 권 한 권마다 좋은 책이 될 수 있도록 성심성의껏 편집을 해주신 편집부 여러분에게 고마움을 표한다.

인간의 마음은 오묘하여 때로는 "아는 게 병"이 될 수 있다. 그러나 이러한 우려보다는 "아는 게 힘"이 되어 보다 성숙하고 자유로운 삶을 이루어갈 수 있는 독자 여러분의 지혜로움을 믿으면서, '이상심리학 시리즈'를 세상에 내놓는다.

2000년 4월
서울대학교 심리학과 교수
원호택, 권석만

2판 머리말

　박사학위 논문 주제로 신체화에 대한 연구를 시작한 때가 1994년이었고, 그로부터 20여 년이 지났다. 신체화에 대한 국내 연구와 자료가 매우 부족했던 당시에 나름의 자부심을 가지고 출판했던 초판이 나온 지도 15년여가 지났다. 당시에는 심리학을 처음 공부하는 학도나 일반인이 신체화에 대해 제대로 배우고 이해할 수 있는 국내 자료나 서적이 거의 없었을 때였는데, 서울대학교 임상·상담심리 연구실에서 계획한 쉽게 읽을 수 있는 이상심리학 시리즈 저술에 동참해 일종의 사명감을 갖고 책을 썼던 기억이 난다.

　초판이 나온 이후 저자를 비롯해 국내외에서 신체화에 대해 상당히 많은 연구가 수행되어왔다. 특히 신체화를 다룬 국내 연구에서 저자의 저서와 논문을 인용한 것을 많이 보게 되면서 임상심리학의 발전에 조금이라도 기여한 느낌이 들어 뿌듯하기도 했다. 시대에 따라 심리장애와 정신병리에 대한 기준도 변하게 마련이어서 DSM-5가 나오게 되었고, 진단명도 기존의 '신체형장애' 대신 '신체 증상 및 관련장애'로 변화하였다. 따라서 이와 같은 변화에 부합하면서 그동안의 연구결과를 반영하기 위해 개정판을 내게 되었다. 개정판의 전반적인 구성은 초판의 그것과 유사하고 내용상 큰 변화는 없지만 최근의 참고문헌을 반영하여 일부 수정 및 보완된 부분이 있다.

신체 증상 및 관련장애는 특히 우리 문화에서 흔히 나타나는 우리 모두의 문제일 수 있다. 이 책에서는 신체 증상 및 관련장애가 무엇인지, 그리고 어떤 이유로 생기고 왜 지속되는지를 알기 쉽게 설명하려고 노력하였다. 그리고 스스로 이 문제를 해결하기 위해 어떤 노력을 기울여야 하는지를 다양한 방향에서 언급하였다. 최대한 쉽게 쓰려고 노력했지만 전문적이고 매우 복잡한 내용을 쉽게 쓰는 데는 한계가 있어 간혹 어려운 부분도 있을 것이다.

오랜 기간 심혈을 기울여 공부하고 연구한 내용을 책으로 내게 되어 뿌듯함과 보람을 느낀다. 신체 증상 및 관련장애로 고생하는 사람들뿐 아니라 일반인도 자신의 심리건강을 향상시키기 위해 편안하게 읽을 수 있는 책이 되었으면 하는 바람이다.

2016년
신현균

차례

1 신체화란 무엇인가 — 11

1. 심리적인 문제의 해결 _ 123

    1) 우울증 극복하기 / 123

    2) 불안 극복하기 / 128

    3) 적극적인 갈등 해결과 감정 관리 / 130

2. 사고방식의 전환 _ 135

    1) 몸에서 주의를 분산시키기 / 137

    2) 신체 증상을 새롭게 해석하기 / 139

3. 의사소통 및 감정 표현 방식의 개선 _ 141

    1) 상대방의 말에 귀 기울이기 / 143

    2) 말하는 기술 익히기 / 147

    3) 화와 분노를 효과적으로 표현하고 해소하는 방법 / 153

4. 스트레스에 대처하기 _ 156

    1) 스트레스 사건을 새롭게 보자(인지적 재구성) / 158

    2) 스트레스에서 긍정적인 측면 찾기 / 160

    3) 지나친 욕심을 버리고 완벽주의에서 벗어나라 / 162

    4) 적극적으로 문제를 해결하자 / 164

    5) 자기존중감을 높이자 / 166

    6) 가까운 사람들에게 정서적인 지원을 받자 / 168

    7) 몸을 이완시키는 훈련을 하라 / 171

    8) 즐거운 일을 찾자 / 173

    9) 마음챙김 명상과 수용 / 174

신체화란
무엇인가

1

1. 신체화 사례와 주요 증상

1) 사례로 보는 신체화

52세의 주부 이 씨는 몇 달 전부터 입맛을 잃어 밥을 거의 먹지 못하고 있으며, 기운이 없고, 가슴이 뛰며, 심장의 핏줄이 조이는 느낌 때문에 병원에 입원했다. 그뿐 아니라 머리도 아프고, 땀도 많이 흘리며, 몸도 저리면서 욱신욱신 아프고, 책을 보면 눈이 아프며, 잠도 잘 못 자는 등 고생이 심했다.

이 씨의 증상은 12년 전에 남편이 음주·폭행 사건을 일으켜 놀란 이후부터 시작되었으며, 그 이후로 상태가 좋아졌다가 나빠졌다가를 반복하였다. 그래서 상태가 나빠질 것 같으면 미리 겁을 먹고 입원하곤 했지만 내과적 검진에서는 별 이상이 나오지 않았다. 이 씨는 스스로 심리적 문제 때문에 몸이 아픈 것 같다고 생각했다.

이 씨는 원래 온순하고 참을성이 많은 성격이었다. 그러나 결혼을 하고 나서 분한 일을 많이 겪으면서 이상 증세를 보였다. 7남매 중 장남인 남편과 시댁 식구는 사소한 일로 이 씨를 몰아세우고 심하면 욕까지 하였으며, 남편은 시부모 앞에서 이 씨를 구타한 적도 있었다. 그럴 때는 몸이 마비되어 숨 쉬기도 힘들어지고 말도 나오지 않았다고 한다. 2년 전, 남편이 외도를 하고 이 씨를 무시하는 말을 하는 횟수가 늘어나면서부터 여러 가지 신체 증상은 더 심해졌고, 이 때문에 병원에 자주 들락거리면서 다른 일은 거의 할 수 없게 되었다. 성격도 변해서 최근에는 자주 화를 내거나 짜증을 낸다.

40세의 주부 김 씨는 이유 없이 자주 토하고, 어지럼증을 호소하며, 심장이 마구 뛰고, 불면증에 시달리면서 항상 나른해하고 피곤해한다. 김 씨는 외동딸로 자라 부모의 사랑을 많이 받고 자랐다. 유능한 연구원과 중매결혼을 해서 전업주부로 살아왔는데, 남편은 매우 철두철미한 성격으로 자기가 시키는 일을 완벽하게 하지 않거나 청소 등의 집안일을 깔끔하게 하지 않으면 잔소리를 많이 하고 수시로 김 씨를 무시하거나 비아냥거렸다. 그러나 김 씨는 주위 사람들에게 착한 사람이라는 평을 들으면서 '나 하나 참으면 여러 사람이 편하니까' 라고 생각하고 마음속의 말을 전혀 하지 못한 채 살아왔다. 그러다 보니 늘 가슴이 답답하고 이러다가 미치는 게 아닐까 하는 생각도 했지만 이혼할 용기가 없었고, 체면 때문에 하는 수 없이 살아왔다고 한다.

35세의 주부 박 씨는 소화가 잘 안 되고, 기운도 없으며, 몸이 여기저기 안 아픈 데가 없었다. 그래서 병원에 자주 가는데 위염 증세가 약간 있는 것을 제외하고 큰 이상은 없다고 한다. 그렇지만 박 씨는 항상 컨디션이 나빠 집안일도 거의 못하고 누워 있는 시간이 많다. 박 씨의 이런 증상은 20대부터 조금씩 시작되었는데 나이가 들수록 더욱 심해졌다.

박 씨는 평범한 가정주부로 특별한 스트레스는 없다. 남편은 매우 자상한 성격이어서 박 씨가 아프다고 하면 많이 염려하고 집안일도 도와주며, 병원에도 데리고 다녔다. 그래서 박 씨는 남편과 아이들에게 더욱 미안한 마음이 들었고 빨리 건강해져야겠다고 생각했지만 상태는 좋아지지 않았다.

박 씨는 중·고등학교 시절에 아버지의 회사가 부도가 나는 바람에 생활고에 시달려 학교생활을 즐겁게 하지 못했다. 성격도 내성적이고 소극적으로 변했다. 고등학교를 졸업하고 직장생활을 할 때도 생활은 즐겁지 않았다. 그러다가 20대 초반에 지금의 남편을 만나고부터 활력이 생겼고, 결혼 후에는 경제적으로도 안정되었으며, 부부 금슬도 좋아 아무 걱정이 없었다. 박 씨는 남편에게 전적으로 의지하면 서 심리적 안정감을 가졌다. 문제가 있다면 박 씨가 늘 몸이 안 좋다는 것뿐이다.

41세의 회사원인 정 씨는 2년 전부터 가슴 통증으로 고생 을 하고 있는데, 심할 때는 응급실에 실려 가기도 했다. 신경 을 쓰면 식은땀이 나면서 어지러워지고, 머리가 맑지 않으며, 눈도 흐려진다. 내과와 안과에서 검진을 받았지만 아무 이상 이 없다고 한다. 주변 사람들은 엄살이라고 하지만 정 씨 자 신은 쓰러질 것 같았고 금방이라도 숨이 넘어갈 것 같았다.

정 씨는 평범한 회사원으로, 4년 전부터 증권에 투자했 는데 2년 전에 거의 전 재산을 날리고 난 뒤에 이런 증상이 시작되었다. 원래 성격은 모난 데 없이 원만했고, 스트레스 를 받으면 조용히 아무 말 없이 견뎠다. 그러나 최근에는 사 소한 일에 자주 신경질을 내게 되었고, 주위 사람들이 자신 을 이해해주지 않는다고 불평하곤 했다.

초등학교 4학년인 최 군은 자주 토하고 어지럽다며 누워 만 있으려고 한다. 내과 검진을 받았지만 아무 이상이 없었다. 최 군은 머리가 좋아 성적은 늘 상위권에 들었지만, 아버지가 매우 엄해 최 군에게 자주 벌을 주었으며, 어머니와 할머니의 사이가 좋지 않아 집안 분위기는 편안하지 못한 편이었다.

이처럼 우리 주변에는 항상 몸이 여기저기 쑤시고 아프며, 소화도 안 되고 기운도 없으며, 잠도 잘 못 자는 등의 여러 가지 신체적 어려움을 겪는 사람이 많다. 이런 어려움을 겪는 사람들 중에는, 마치 기계를 오래 쓰면 고장이 나는 것과 마찬가지로, 나이가 들어서 몸의 여러 기관이 낡았기 때문에 사소한 증상이 생기는 경우가 있다. 그래서 연세가 많으신 분들은 대개 여기저기가 아프다고 불평을 하고 건강을 걱정한다. 이는 나이에 따라 자연스럽게 나타나는 현상이다.

또 어떤 힘든 일이 있어서 무리하거나 지나치게 신경을 쓸 일이 있어서 몸이 긴장하게 되면 일시적으로 몸의 컨디션이 나빠질 수 있다. 몸살이 난 것처럼 몸이 심하게 아프지만 며칠 내로 회복하는 경우가 여기에 해당한다. 또는 실제로 암이나 뇌질환 같은 심각한 병에 걸려서 고통을 겪는 경우도 있다. 이처럼 몸이 아픈 원인은 매우 다양하다.

그런데 이런 경우를 제외하고, 쉽게 납득할 만한 이유가 없는데도 계속해서 몸이 아프고 불편을 느끼는 사람들이 있다.

앞의 몇 가지 예를 보면 자기와 비슷하거나 자기 주변의 누군가와 비슷하다고 느끼는 사례가 있을 것이다. 실제로 자신은 몹시 괴로운데 병원에 가면 별 이상이 없다거나 신경성 혹은 스트레스 때문이라는 말만 듣는 경우가 드물지 않다. 그러면 자신뿐 아니라 가족도 도대체 무엇이 문제일까 생각하게 된다. 몸에 이상이 없다는데도 몸이 아픈 이유는 무엇일까? 어떤 심리적인 문제가 있는 것일까? 심리적인 문제 때문에 몸이 아플 수도 있을까?

이런 사람들이 겪는 가장 흔한 신체적 문제로는 불면증, 다양한 근육통, 두통, 소화불량, 과민성대장증상, 만성피로증후군, 현기증, 숨 가쁨, 건강염려증 등이 있다. 이런 여러 가지 증상이 나타나면 사람들은 우선 병원을 찾고, 병원에서 필요한 검사를 한 후에 이상이 발견되면 약을 먹거나 치료를 받게 된다. 별 이상이 없는 것으로 나오면 대부분의 사람은 다행으로 여기고 더 이상 병원을 찾지 않는다.

그러나 어떤 사람들은 몸에 특별한 이상이 없다는 의사의 말을 사실로 받아들이지 않고 의사와 병원을 옮겨 다니면서 진찰과 검사를 반복한다. 그리고 좋다는 약이나 음식을 모두 구해서 먹어본다. 이렇게 되면 건강에 신경을 쓰느라고 직장생활이나 가정생활에 상당한 지장을 받게 되고, 또 약값이나 검사 비용 때문에 경제적으로도 손해를 보게 된다. 이런 상태가 오래 지속되면 결국에는 자신감도 없어지고 자기를 비하하게 되거나, 자신의 고통을 이해하지 못하는 주변 사람들을 비난하여 인간관계가 나빠지기도 한다.

　이처럼 신체적인 원인이 분명하게 드러나지 않는데도 계속해서 몸이 아프거나 불편하게 느끼는 것을 '신체화'라고 한다. 또 사소한 신체 질병이 있을 때 그 질병에서 보일 수 있는

 신체화와 꾀병은 어떻게 다른가

　신체화하는 사람들에 대해 주위 사람들은 엄살이나 꾀병이 아닐까 하고 생각한다. 만약 여기저기 아프다고 호소하는 사람에게 눈에 보이는 어떤 목적이 있는 경우에는 꾀병일 가능성이 있다. 예를 들어, 교통사고를 당해 약간 다친 사람이 실제보다 더 아프다고 과장해서 보상금을 더 많이 타 내려는 경우를 생각해보자. 이런 경우에는 보상금이라는 목적이 뚜렷이 있다. 그래서 보험회사로서는 사고를 당한 사람과 보상금을 협상하는 문제가 큰 골칫거리가 아닐 수 없다. 또 다른 예로, 숙제를 하지 않은 아이가 선생님께 혼날 것이 두려워 배가 아프다며 학교를 가지 않으려고 하는 것도 꾀병일 수 있다.

　이렇게 누가 보아도 알 수 있는 목적이 있어서 몸이 아프거나 불편하다면, 꾀병의 가능성을 고려해야 한다. 그러나 신체화는 이렇게 의도적으로 병을 꾸며내는 것이 아니며, 몸이 아프면 득보다는 손해를 보는 경우가 더 많다. 그럼에도 몸이 아픈 것은 꾀병이라고 보기 어렵다.

증상 이상으로 과장되게 여러 가지 신체 증상을 호소하는 경우도 신체화에 포함된다. 이런 신체 증상을 기능적 · 정신신체적 · 심인성 신체 증상이라고 부르기도 한다.

어떤 경우에는 정신신체 장애와 신체화를 구분하기도 한다. 정신신체 장애는 스트레스를 많이 받아서 위염이 생기는 것처럼 신체에 실제 문제가 생기는 경우를 말한다. 이에 비해 신체화는 신체적으로는 이상이 발견되지 않는데 자기 자신은 고통을 느끼는 경우다. 그러나 이 2가지는 엄밀히 구분하기 어려우며, 원인이나 경과도 유사하기 때문에 이 책에서는 신체화라는 큰 범주에 같이 넣어서 볼 것이다.

요약하면, 신체화는 뚜렷한 몸의 이상이 발견되지 않는데도 몸이 아프거나 불편하다고 느끼고, 신체 증상에 사로잡혀 있는 것을 말한다. 그렇다면 우리가 흔히 경험하는 신체화 증상에는 어떤 것이 있을까?

2) 신체화의 주요 증상

신체화는 다양한 증상을 호소한다는 특성이 있다. 최근 스스로 기능적 신체 증상을 지니고 있다고 생각하는 네덜란드인을 대상으로 인터넷 조사를 실시한 결과, 근육통의 17.5%, 만성피로증후군의 9.9%, 과민성대장증상의 3.8%에서 기능적 신체 증상 진단이 내려져 이런 증상이 가장 흔하게 나타남을 알 수 있다(Lacourt, Houtveen, & van Doornen, 2013). 또한 신체화 연구를 위해 사용하는 40개의 자기보고형 질문지의 신체 증상 문항을 검토한 결과에서 두통, 메스꺼움과 소화불량, 호흡곤란, 어지럼증, 요통 순으로 많이 포함되어 이들 증상이 주요 신체화 증상임을 시사한다(Zijlema et al., 2013). 대표적인 신체화 증상은 다음과 같다.

(1) 근육통

육체노동을 힘들게 하는 것도 아닌데 두통이나 요통을 포함해 만성적인 근육통이 있거나 몸이 뻣뻣한 느낌이 든다면 신체화를 의심해볼 수 있다. 긴장성 두통이 가장 많이 나타나는데, 신경성 두통, 심인성 두통이라고도 한다. 정확한 발병 원인은 알기 어렵지만 대개는 심리적 스트레스에 반응하여 나타나거나 두개골과 목 근육의 지속적인 수축에 의해 생긴다(손정락, 2010).

그러나 두통이나 요통만 계속되는 경우처럼 한군데에만 통증을 느끼는 경우에는 이런 만성 통증의 원인이 심리적 요인에 있는지 여부를 알기 어렵다. 따라서 이런 경우에는 EEG, CT, fMRI, X-ray 등 신경학적 평가가 우선되어야 한다. 또한 이러한 평가를 한다고 해도 현재의 의학 수준으로

는 밝혀낼 수 없는 미세한 기질적 원인이 있을 수 있다는 것
도 간과할 수 없다. 그럼에도 많은 통증이 스트레스 등과 같
은 심리적 문제와 관련되어 있으며, 따라서 심리치료를 통해
증상을 완화시킬 수 있다.

(2) 만성피로증후군

피로와 활력 감소 등은 대부분의 사람이 가끔씩 경험한다.
그런데 요즘은 휴식을 취해도 피로가 풀리지 않고 만성적으로
피로를 느끼는 사람이 부쩍 증가하는 추세다. 면역 기능이 저
하되어서 이런 증상이 생긴다는 연구도 있는데, 이런 경우에
는 초반에 신체 증상이 먼저 나타나고 심리적인 증상은 나중
에 나타난다. 따라서 모든 만성피로가 신체적 이유 때문에 온
다고 보기는 어렵다.

만성피로증후군의 원인은 아직 명확하게 밝혀지지 않았지
만 중추신경계, 신경호르몬 조절체계, 만성 면역 활성에서의
이상 등이 시사되고, 대부분의 환자가 우울증이나 범불안장
애를 동반하고 있어 심리적인 원인도 고려해야 한다. 따라서
현재로서는 영양이나 호르몬뿐 아니라 스트레스나 생활습관,
이로 인한 심리적인 문제 등 다양한 요인이 복합적으로 상호
작용한 결과로 보는 것이 바람직하다(정승필, 이근미, 2007).

만성적으로 피로한 사람은 대개 우울증을 함께 갖고 있으

며, 관절통 등의 여러 가지 통증, 숨 가쁨, 흐린 시력, 근육의
쇠약과 마비, 성적 무관심 등의 여러 가지 신체 증상을 동반하
는 경우가 많다. 최근에는 신경증적 성격특성이 우울의 매개
를 통해 만성피로증후군을 유발한다는 연구결과가 보고되기
도 하였다(Valero, Sáez-Francás, Calvo, Alegre, & Casas, 2013).

(3) 과민성대장증상 및 소화장애

과민성대장증상은 설사, 변비, 복통 등이 주 증상이다. 또
배변 후에는 통증을 덜 느끼고, 자주 배변하며, 배변 후에 변
이 남아있는 것 같은 느낌을 갖는다. 이런 증상 때문에 고통스
러워하는 환자의 상당수가 스트레스 사건을 겪은 사람이다.
또 이들은 우울해하고 불안해하는 경향이 높다. 그리고 건강
을 매우 염려하는 사람들이기도 하다.

그러나 과민성대장증상을 가진 사람이 모두 병원에 치료를
받으러 가지는 않는다. 이들 중에 두통, 피로, 무월경증처럼
다른 여러 가지 신체 증상이 함께 나타나는 경우에만 병원을
찾는다.

과민성대장증상을 보이는 사람에게서 여러 가지 신체적 이
상이 발견되기도 했지만, 그것이 크게 중요한 것 같지는 않다.
한 연구에 따르면, 몸의 이상이 확실히 밝혀진 소화기 질병 환
자에 비해 과민성대장증상이 있는 사람이 불편감을 더 심하게

느끼고 스트레스 사건도 더 많이 보고한다(Kellner, 1994). 또 위장의 창상이 실제로 확인된 위장장애 환자보다 비창상 위장장애 환자가 더 우울해하고 건강을 더 염려한다는 연구결과도 있다.

그러나 이와 상반되는 연구도 있다. 과민성대장증상을 가진 환자는 일반인 대조군에 비해 불안과 신경증적 경향, 스트레스 등이 높게 나타났지만 궤양성 대장염 환자와는 차이가 없었다. 이 결과를 보면 과민성대장증상이 심리적인 원인 때문에 발생한다는 결론을 내리기가 어렵다(이성동, 민영일, 한오수, 1993).

과민성대장증상은 불안, 우울, 스트레스, 음식, 위장 호르몬 등 복합적인 원인으로 야기되는 대장의 운동 장애로 간주되어 왔다(이성동 등, 1993). 이 증후군의 정확한 원인은 아직 규명되지 않았지만 대장 운동성, 내장 과민성, 과도한 스트레스 반응 등에 기인할 가능성이 있다. 따라서 치료는 식이요법과 유산균뿐 아니라 항우울제 등을 고려할 수 있다(Thoua & Murray, 2011). 이 외에도 심리적인 측면을 고려한 치료를 할 경우 증상 감소의 효과를 보인다는 연구도 있어, 이 증후군이 심리적 문제와 연관될 수 있음을 시사한다(Ljótsson et al., 2011; Oerlemans, van Cranenburgh, Herremans, Spreeuwenberg, & van Dulmen, 2011). ◆

2. 신체 증상 및 관련장애의 진단

　신체화에도 여러 가지 종류가 있다. 첫 번째는 초기 신체화다. 이들은 처음에는 신체 증상만을 호소하지만, 자신의 신체 증상의 원인에 대해 질문을 받으면 심리적 문제나 대인관계에서의 스트레스 때문에 몸이 불편해진 것 같다고 쉽게 말한다.

　두 번째는 임의적 신체화다. 이들은 자신의 신체 증상에서 심리적 원인을 전혀 생각하지 못했는데 의사나 치료자에게서 "신경 쓰거나 걱정이 많아서 몸에 문제가 생긴 것 같습니까?"라는 질문을 받으면 심리적 원인을 찾아내고 이를 인정한다.

　세 번째는 진짜 신체화다. 어떤 심리적 설명도 거부하는 경우다. 이들은 의사가 몸에 이상이 없으니 신경성일 뿐이라고 아무리 설명해주어도 믿지 않고, 틀림없이 몸에 이상이 있다고 생각한다. 병원을 찾는 사람 중 실제로 몸에 이상이 없는 경우 약 41%는 초기 신체화이며, 임의적 신체화는 23%, 진짜 심각한 신체화는 12%로 추정된다는 보고가 있지만, 이런 비율은 기준을 어떻게 삼느냐에 따라 다르게 나타난다.

이처럼 신체화의 양상은 다양하다. 그리고 대개는 신체 증상뿐 아니라 우울하거나 불안한 느낌도 같이 나타나는 경우가 많다. 전문적인 진단 용어로는 신체 증상 및 관련장애라고 하고, 여러 유형의 진단명을 포함한다. 이런 진단을 내리기 위해서는 미국정신의학회에서 제시한 『정신장애의 진단 및 통계 편람-제5판DSM-5』의 진단기준에 부합해야 한다(권석만, 2013; APA, 2013).

1) 신체 증상 및 관련장애의 종류

DSM-5에서는 신체 증상 및 관련장애의 하위유형을 신체 증상장애, 질병불안장애, 전환장애, 허위성장애로 구분한다. 이들 장애는 심리적인 문제를 신체를 통해 표현하고, 이로 인해 사회적 · 직업적 혹은 다른 중요한 기능 영역에서 심각한 장해가 초래된다는 점에서 공통점이 있지만, 각각의 독특한 특성이 있다.

(1) 신체증상장애

신체증상장애는 한 개 이상의 신체 증상으로 고통스러워하

> 🔑 **신체화의 자가진단 문항 예**
>
> 지난 7일 동안 (오늘을 포함해서) 다음의 문제 때문에 얼마나 괴로워했는지를 평가해보십시오. 그런 후에 오른쪽에 있는 5가지 대답 가운데 귀하의 상태를 가장 잘 나타낸 것을 골라서 ○표 하십시오.
>
>
>
> | 0 | 1 | 2 | 3 | 4 |
> |---|---|---|---|---|
> | 전혀 없다 | 약간 있다 | 웬만큼 있다 | 꽤 심하다 | 아주 심하다 |
>
> 1. 머리가 아프다.   0 1 2 3 4
> 2. 어지럽거나 현기증이 난다.   0 1 2 3 4
> 3. 근육통 또는 신경통이 있다.   0 1 2 3 4
> 4. 숨 쉬기가 거북하다.   0 1 2 3 4
> 5. 몸의 특정 부위가 힘이 없다.   0 1 2 3 4
>
> ---
>
> 이 문항 대부분이 2~3점에 해당하면 신체화 가능성을 의심할 수 있다. 그렇지만 정확한 진단을 위해서는 이 5개 문항의 예를 포함하는 12문항의 질문지를 비롯해 다양한 심리검사와 전문가와의 면담이 필수적이다.
>
> 출처: SCL-90-R.

거나 그로 인해 일상생활이 현저하게 방해받는 경우에 진단되며, 다음과 같이 신체 증상에 대한 과도한 사고, 감정 또는 행

동이나 증상과 관련된 과도한 건강염려 중 최소한 한 가지 이
상을 보인다. 진단기준은 다음과 같다.

① 자신이 지닌 증상의 심각성에 대해 과도한 생각을 지속
   적으로 지닌다.
② 건강이나 증상에 대해 지속적으로 높은 수준의 불안을
   나타낸다.
③ 이러한 증상과 건강염려에 과도한 시간과 에너지를 소
   모한다.

신체 증상에 대한 이런 걱정과 염려가 6개월 이상 지속될
때 신체증상장애로 진단하고, 심각도에 따라 경미한 수준, 보
통 수준, 심각한 수준으로 분류한다.

(2) 질병불안장애

질병불안장애는 건강염려증과 유사한 것으로, 진단기준은
다음과 같다.

① 자신이 심각한 질병에 걸렸다는 생각에 집착한다.
② 신체 증상이 존재하지 않거나 존재하더라도 그 정도가
   경미하다. 다른 질병을 갖고 있다 하더라도 질병에 대한

집착이 명백히 과도하다.

③ 건강에 대한 불안수준이 높고 개인적 건강상태에 관한 사소한 정보에도 쉽게 놀란다.

④ 건강과 관련된 과도한 행동예: 질병의 증거를 찾기 위한 반복적인 검사이나 부적응적 회피행동예: 의사와의 면담 약속을 회피함 을 나타낸다.

⑤ 이 기간에 두려워하는 질병이 변화할 수 있지만, 질병에 대한 집착은 최소한 6개월 이상 지속된다.

(3) 전환장애

전환장애는 감각기능과 운동기능에 의학적으로는 설명하기 어려운 장애를 보이는 것을 말한다. 감각기능의 장애는 눈에 이상이 없는데도 앞이 안 보인다든지, 신경이나 근육에 이상이 없는데도 팔이나 다리에 감각이 없어지는 것 등이다. 운동기능의 장애는 몸을 움직이기 어렵거나 마비가 오는 것으로, 때로는 경련을 일으키기도 한다. 이와 같은 전환장애는 빈번하게 재발하지만, 과거에 비해 점차 감소하는 추세다. 진단기준은 다음과 같다.

① 수의적 운동이나 감각기능의 증상 변화를 나타내는 한 가지 이상의 증상이 있다.

② 이러한 증상과 확인된 신경학적 또는 의학적 상태 간의 불일치를 보여주는 임상적 증거가 있다.

③ 증상이 다른 신체질병이나 정신장애로 더 잘 설명되지 않아야 한다.

④ 증상이나 손상으로 인해 현저한 고통을 겪거나 사회적, 직업적, 기타 중요한 기능에서 현저한 장해가 있다.

이 장애는 심리적 스트레스 요인의 유무에 따라 분류된다.

(4) 허위성장애

허위성장애는 환자 역할을 하기 위해 신체적 · 심리적 증상을 의도적으로 만들어내거나 위장하는 경우를 말한다. 이런 증상으로 인해 현실적으로 눈에 보이는 이득이 없으므로 꾀병과는 다르다. 진단기준은 다음과 같다.

① 신체적 · 심리적 증상을 위장하거나 거짓된 상해 혹은 질병을 만들어낸다.

② 다른 사람들에게 자신이 병에 걸렸거나 손상 및 상해를 입었다고 나타낸다.

③ 분명한 외적 보상이 없을 때조차도 속이는 행동이 명백하게 나타난다.

④그런 행동이 망상장애나 다른 정신병적 장애 등의 정신
  장애에 의해 더 잘 설명되지 않는다.

신체증상장애, 전환장애, 질병불안장애 등은 명확하게 구
별하기 어려운 경우가 많으며, 대개는 증상이 중복되어 나타
난다. 또한 그 원인이나 치료방법 등도 유사한 경우가 많다.
따라서 이 책에서는 신체 증상 및 관련장애의 대표적인 예로
신체증상장애에 초점을 맞추고, 진단명에 해당하는 경우뿐
아니라 진단기준을 충족시킬 정도는 아닌 일반적인 신체화까
지 포함하여 설명할 것이다.

DSM-IV에서 신체형장애에 포함되었던 동통장애와 신체
변형장애는 DSM-5에서는 신체 증상 및 관련장애에서 제외
되었다. 동통痛症장애의 경우 두통과 요통 등의 증상이 많은
데, 의학적인 병리가 없으면서 통증을 느끼는 경우도 있지만
실제로 골다공증, 관절염, 류머티즘성 관절염, 악성종양 등으
로 인해 통증이 있을 수도 있다. 신체변형장애는 신체 외모에
결함이 있다고 과장되게 생각하면서 그것에 집착하는 것을 말
한다. 예를 들어, 남들이 보기에는 큰 이상이 없는데도 자기
스스로는 코가 비뚤어졌다거나 얼굴이 일그러졌다거나 성기
가 이상하게 생겼다고 생각한다. 그로 인해 대인관계가 위축
되거나 심하면 불필요한 수술을 받기까지 한다. 이 장애는 신

체에 과도한 관심을 보이기는 하지만 건강보다는 외모에 대한
강박적인 집착 혹은 타인과 계속해서 비교하는 등의 반복적인
행동을 보인다는 점에서 DSM-5에서는 강박증 및 관련장애
에 포함되었다.

2) 신체 증상 및 관련장애 진단과 신체화

신체 증상 및 관련장애라고 이름을 붙이려면 여러 가지 신
체 증상이 있어야 한다. 신체 증상 및 관련장애와 신체화는
약간 다르게 쓰인다. 신체 증상 및 관련장애는 정신과에서 진
단을 내리는 여러 가지 기준에 모두 맞을 때 쓰는 말인 데 비
해, 신체화는 신체에 원인이 없는데 몸이 아프거나 불편한 것
을 말한다. 따라서 신체화는 훨씬 광범위하게 사용되고, 병
원에 찾아갈 정도로 증세가 심하지 않은 사람에게도 쓸 수 있
는 말이다. 이렇게 본다면 신체 증상 및 관련장애를 가진 사
람은 별로 많지 않지만 신체화하는 사람은 상당히 많다고 볼
수 있다.

정신의학회에서 제시하는 까다로운 기준에 맞아야만 신체
증상 및 관련장애라고 진단하는 것은 현실성이 좀 떨어진다.
사실 무슨 병이라고 진단을 내리는 것 자체가 중요한 것은 아
니다. 신체 증상 때문에 괴로움을 당한다면 정작 당사자에게

필요한 것은 진단보다는 신체 증상을 해결하는 것이다. 따라서 신체화를 '개인이 주관적으로 경험하는 증상이나 반응 양식'으로 보는 것이 적절하다. 중요한 것은 이런 기능적인 신체 불편감을 일으키는 원인을 이해해야 한다는 것이다. 그래서 이 책에서는 신체 증상 및 관련장애라는 말보다는 신체화라는 말을 주로 사용할 것이다.

신체화는 3가지 중요한 측면으로 구성되어 있다(Lipowski, 1988). 첫째는 경험적 측면으로, 스스로 몸의 불편함과 통증을 느끼는 것이다. 둘째는 인지적 측면으로, 현재의 몸 상태에 대해 주관적으로 그 원인을 해석하고 어떻게 할지 결정하는 것을 말한다. 셋째는 행동적 측면으로, 자기의 신체 증상을 주위 사람들에게 알리거나 의사를 찾아가는 행동을 보이는 것이다.

사람들은 자신의 신체 증상을 어떻게 보느냐에 따라 같은 증상이라 하더라도 이후의 행동이 달라진다. 예를 들어, 스트레스 때문에 목이 뻣뻣하다고 생각한다면 마음을 진정시키거나 기분을 전환하려는 행동을 하게 될 것이고, 목의 근육이나 신경에 문제가 있어서 목이 뻣뻣하다고 생각한다면 신경과를 찾아가서 검사를 받고 치료를 받으려 할 것이다.

이런 관점에서 리포스키Lipowski는 신체화를 다음과 같이 정의하였다.

신체화란 의학적으로 원인을 알기 어려운 신체 불편감과 중상을 경험하고 그것을 다른 사람에게 호소하는 경향, 그리고 그 원인을 신체 질병에 있다고 생각하고 병원에 가거나 약으로 치료하려는 경향이다(Lipowski, 1988).

켈너Kellner도 신체화를 다음과 같이 정의했다.

한 개 이상의 신체 증상을 호소하고, 적절한 의학적 평가를 통해 이 증상을 설명하기 힘들며, 설사 신체적인 병이 있다고 하더라도 신체 증상 때문에 나타나는 일상생활에서의 곤란이 실제 신체적 병에서 나타날 수 있는 것보다 훨씬 더 클 때를 말한다(Kellner, 1991).

이처럼 실제 신체적 병이 있다고 하더라도 지나치게 신체적 고통을 나타낼 때 역시 신체화에 해당한다. 신체화의 개념은 상당히 복잡하지만 크게 2가지 관점으로 보기도 한다(De Gucht & Fischler, 2002). 첫째는 신체화를 심리적 어려움에 부차적으로 따라오는 현상표현적 신체화, presenting somatization으로 보는 관점, 둘째는 의학적으로 설명할 수 없는 증상기능적 신체화, functional somatization으로 보는 관점이다. 두 관점 모두 신체화를 이해하는 데 중요한 틀을 제공한다. 기능적 신체화는 켈너

나 리포스키의 견해와 유사한 반면, 표현적 신체화는 우울이
나 불안 등의 정서적 어려움을 신체 통로를 통해 표현하는 것
으로, 신체화와 우울, 불안의 상관이 매우 크다는 점에 바탕을
두고 있다(2장 '2. 신체화의 심리적 원인: 정서 특성' 참고).

최근 DSM-5에서는 다양한 선행 연구결과를 수용하여
DSM-IV의 진단기준을 수정·보완하였다. 즉, DSM-IV에서
는 의학적으로 설명되지 않는 다양한 증상을 주요 진단기준으
로 삼았는데, 이는 진단의 신뢰성이 다소 부족하여 새로운 정
의를 채택하게 되었다. 따라서 DSM-5에서는 신체 증상에 더
해 비정상적인 생각, 감정, 그리고 이런 증상으로 인한 특정
행동을 보이는지 여부가 주요 진단기준이 되었다(APA, 2013;
Dimsdale et al., 2013). ◆

3. 신체화의 유병률과 경과

미국정신의학회의 『정신장애의 진단 및 통계 편람』에서 제시한 기준을 적용할 때, 신체화 관련 장애는 얼마나 많이 나타나는가? 『보건복지통계연보』(제59호)에 따르면 2011년에 한국인의 정신장애 평생 유병률에서 신체형장애는 1.5%였으며, 남성 0.7%, 여성 2.2%로 여성이 3배 이상 많았다. DSM-IV 진단명별 유병률은 신체화장애 0%, 동통장애 0.4%, 전환장애 0.5%, 건강염려증 0.7%였다(보건복지부, 2013).

이처럼 DSM-IV의 엄격한 진단기준에 따라 진단하게 되면 신체 증상 및 관련장애를 가진 사람은 100명 중 한두 명 정도로 유병률이 낮은 편이다. 그러나 진단기준에는 미치지 못하더라도 신체화 경향을 보이는 경우는 매우 흔하다. 미국에서 내과를 찾아오는 환자 중 4~9%는 건강염려증을 갖고 있으며, 동통장애는 10~15%에 이른다고 한다. 이처럼 병원을 찾는 사람 중에서 신체적 원인이 밝혀지지 않으면서 신체 증상을 호소하는 환자가 10~40%에 이른다. 약 1,000명의 일반병원 환자를 대상으로 연구한 결과, 신체형장애가 16.1%였고 경미한 경우까지 하면 21.9%에 달한다는 연구결과도 있다 (Margot, Ingrid, Just, & Albert, 2004).

이러한 선행 연구결과에 따라 진단기준이 다소 변화된 DSM-5를 적용하면 진단명별 유병률은 더 높아질 것으로 예상되지만 아직까지 통계 자료는 제시되지 않아 대략적인 추정만 가능하다. 신체증상장애의 유병률은 6~7% 수준으로 추정되며, 남성보다 여성에게서 더 많다. 질병불안장애의 경우, 일반인의 유병률은 잘 알려져 있지 않지만 일반병원 환자 중 약 4~9%가 질병불안장애를 지닌다고 보고하고 있다. 전환장애의 유병률은 일반병원을 찾는 환자의 5~14%이고 남성보다 여성에게서 2~10배 더 많다. 허위성장애의 유병률은 잘 알려져 있지 않다(권석만, 2013).

국내에서는 신체화를 경험하는 사람의 수가 얼마나 되는지 정확한 연구가 이루어지지 않았지만, 한 종합병원에 입원한 환자 중 정신과에 의뢰된 환자를 대상으로 한 연구에 따르면 환자의 14~40%가 신체적 진찰과 의학적 소견에서 이상이 없는 것으로 나타났다. 또 다른 연구에서도 정신과 이외의 병원에서 진료를 받는 사람 중 신체화 환자의 비율은 11.5%에

달하며, 특히 사회활동이 왕성한 20~40대 사이에서 많다고
보고하였다. 이들의 특징은 어느 한 가지 신체 증상만을 호소
하는 것이 아니고 여러 가지 다양한 신체 증상을 호소한다는
것이다. 그리고 몸의 아픈 부위가 이곳저곳으로 바뀌고 모호
하게 아픈 경우가 많다.

신체화는 일반인에게서도 매우 흔하며, 일시적으로 나타날
수도 있고 오랫동안 지속적으로 나타날 수도 있다. 여러 신체
증상을 급성으로 보이는 사람을 잘 살펴보면 최근에 부정적인
생활사건을 경험한 사람이 많다. 즉, 스트레스와 몸이 아픈 것
이 관련되어 있음을 알 수 있다. 그러나 만성적으로 여러 가지
기능적 신체 증상을 보이는 사람에게서는 당장 눈에 보이는
명확한 스트레스를 찾지 못할 수도 있다. 만성적인 신체화일
경우에는 몸이 아픈 것 자체가 커다란 스트레스이기 때문에
다른 스트레스 사건을 잘 인식하지 못하는 것이다. 문제는 이
처럼 지속적으로 신체 증상을 느끼면서 여러 병원을 찾아다니
거나 일상생활을 영위하기 어려울 정도로 몸의 컨디션이 나쁘
다고 느끼는 경우다. 이런 경우 이 병원 저 병원에 다녀도 별
차도가 없어 의사에 대한 불평과 불신만 생기게 된다. 그래서
결국에는 만병통치약을 선전하는 민간치료나 사이비 종교 같
은 대체의학에 빠지는 경우까지 생긴다.

인간의 심리에 대해 조금만 알 뿐 제대로 알지는 못하는

비전문가가 환자의 약해진 마음을 상업적으로 이용하기도 한다. 병을 고쳐줄 것이라는 근거 없는 확신을 환자에게 주입하는 것이다. 그들에게 치료를 받은 사람 중에는 일시적으로 병이 나았다고 느끼는 사람도 있다. 이는 원래 신체적인 병이 없는 상태에서 병이 나았다고 믿는 것이지 실제 병이 나은 것이라고 볼 수는 없다. 단지 플라시보Placebo 효과일 뿐이다. 즉, 실제로는 암에 걸리지 않은 사람이 자기가 암이라고 믿고 있다가 엉터리 만병통치약을 먹고 암을 고쳤다고 생각하는 것과 같다. 그러나 이런 경우 근본적인 심리적 문제가 치료되지 않았기 때문에 얼마 가지 않아 다시 재발할 수밖에 없다.

신체화는 성격과 밀접하게 관련되어 있다. 성격이란 쉽게 변하는 것이 아니다. 따라서 신체화도 일단 시작되면 잘 고쳐지지 않고 만성화되는 경우가 많다. 예를 들어, 전환장애는 1년 이내에 20~25%가 재발한다(권석만, 2013). 그러나 자신의 심리 상태를 정확하게 이해하고, 심리적 문제를 적극적으로 해결하려고 꾸준히 노력하면서 전문적인 치료를 받는다면 호전될 수 있다. ◆

4. 한국 문화 특유의 신체화, 화병(火病)

　한국인에게서 뚜렷한 원인을 알 수 없는 신체 증상이 많이 나타난다는 연구들이 있다. 이기연(1988)은 우리 문화와 관련된 한국인 특유의 신체 증상을 조사하였다. 다음의 몇 가지 신체 증상은 병원을 찾는 신체화 환자나 병원을 찾지 않는 일반 사람 모두가 많이 경험하는 한국인의 신체 증상이다.

- 소화가 안 되거나 자주 체한다.
- 명치 끝이나 뱃속에 덩어리가 있다.
- 혀에 백태가 끼고 입이 마른다.
- 가슴이 답답하다.
- 얼굴에 열이 오른다.
- 가슴에 뭔가가 치밀어 오른다.
- 몸에 열이 나거나 온몸이 후끈거린다.

- 한숨이 자주 나온다.
- 손발이 저리다.
- 머리가 띵하고 무겁다.
- 기운이 없어 꼼짝 못하고 누워 있다.
- 손발이 붓는다.

이처럼 한국 문화에서 특히 많은 신체화 증후군의 하나로 화병을 들 수 있다. 어떤 사람은 평생 힘들게 모은 전 재산을 하루아침에 사기를 당해 다 날린 뒤에 화병에 걸리고, 또 어떤 사람은 시집온 이후로 수십 년간 남편에게 무시당하고 시어머니에게 구박을 받으면서 말 한마디 못해서 화병에 걸린다. 대개는 억울하고 회생이 불가능한 일들을 겪은 뒤에 그 화를 해결하지 못해서 화병에 걸린다고 보면 된다.

과거에는 시집살이가 힘들고 남편과 불화를 지닌 여성에게서 화병이 많이 나타났지만, 현재의 한국 사회에서 화병은 그 범위가 점점 넓어지는 것 같다. 증권 투자에 실패해 손실이 큰 증권투자자, 정리해고로 졸지에 실업자가 되고 회사가 부도가 나서 밀린 월급이나 퇴직금도 제대로 받지 못하는 근로자, 기대를 걸었던 자식이 힘든 입시 공부에 적응하지 못하거나 나쁜 길로 빠져 헤어나지 못하는 부모의 경우 등 한국에는 화병이 생기기에 적당한 조건이 골고루 갖추어져 있는 것 같다.

한국 사회는 오랫동안 일본의 식민지 생활과 동족 간 전쟁, 군부통치를 겪으면서 국민 전체가 커다란 고통에 시달려왔다. 가족과 헤어지거나 가난 때문에 고생하기도 했다. 근대화가 시작되고 서양의 물질문화가 들어오면서 지나친 배금주의와 경쟁적인 분위기가 만연하게 되었고 가족 이기주의가 팽배해졌다. 물질에 대한 탐욕이 부정부패를 낳았고, 공정하지 못한 일들이 만연하게 되었다. 그래서 못 배우고 돈 없고 힘없는 사람들은 서러운 일을 많이 당하며 산다.

'한스럽다'는 말도 우리 사회에서 독특하게 사용하는 말이다(최상진, 이요행, 1995). '억울하면 출세하라'는 말은 역으로 생각하면 출세하지 못한 사람이 부당하게 대우받는 경우가 많다는 뜻일 것이다. 그래서 우리 사회에는 피해의식이 팽배해 있고, 수단과 방법을 가리지 않고 출세하려는 출세 지향주의가 생겼다. 입시지옥도 그래서 생긴 것이다. 이 때문에 어린 아이 때부터 엄청난 스트레스를 받아야 한다. 이런 사회 분위기 속에서는 좌절이 많을 수밖에 없고 화나는 일도 많다. 어디 하소연할 곳도 없고 하소연해도 해결되지 않는 경우도 많다. 그래서 화병이 많이 생길 수밖에 없는 것이다.

물론 억울한 일을 당했다고 모든 사람이 다 화병을 얻는 것은 아니다. 어떤 사람은 그런 어려운 상황에서도 잘 대처하여 자신을 성장시키는 발판으로 삼기도 한다. 그러나 스트레스에 취약한 사람은 억울한 감정에서 헤어나지 못하고 마음과 몸이 상하게 된다. 경제 위기의 지속, 취업의 어려움, 조기퇴직 및 미비한 노후 대비 등 일생에 걸친 불안감이 계속되는 사회에서 화병의 위험성은 줄어들지 않을 것이다. 신경성 위장장애 같은 실제 질병도 실직자와 그 가족, 그리고 실직당할지 모른다는 스트레스에 시달리는 사람에게서 많이 나타난다.

화병의 증상은 앞에서 언급한 것에 더해 불안, 우울 및 여러 가지 신체 증상 또한 복합되어 나타난다. 특이한 것은, 화병을 앓는 사람이 스스로 화병이라는 것을 알고 있다는 것이다.

민성길(1989)은 화병이 특정한 일 때문에 강한 불쾌 감정을 경험하고, 이런 것이 장기간 누적되면서 발생하는 것 같다고 보았다. 그래서 화병을 가진 사람은 화병의 원인이 되는 생활 경험을 스스로 알고 있고 그 때문에 나타나는 자신의 감정을 모두 의식하고 있지만, 그럼에도 그것이 현실적으로 해결할 수 있는 문제가 아니며 계속 반복되거나 지속되는 것이기 때문에 헤어나지 못하는 것이다. 화병은 우리 문화권에서만 특수하게 나타나는 정신장애인데, 이는 억압 문화와 관련된 것일 수 있다. 이 부분은 2장에서 자세히 설명할 것이다. ❖

신체화는
왜 생기는가

2

1. 마음과 몸의 관계

이유 없이 몸이 여기저기 아프다면 '원래 몸이 약하거나 신체검사 상으로는 뚜렷이 드러나지 않는 생리적인 문제가 있기 때문이 아닐까? 그래서 이런 것도 유전되지 않을까?' 하는 의문이 생길 수 있다. 그것을 알아보려면 유전자가 거의 같은 일란성 쌍둥이들을 비교해보면 된다. 그들은 똑같이 신체화를 보일까? 연구결과는 그렇지 않다고 한다. 따라서 신체화에서 생물학적 원인이나 유전적인 원인은 별로 중요하지 않다는 것을 알 수 있다.

그렇다면 신체화는 왜 생기는가? 그것은 우리가 쉽게 의식하지 못하는 심리적인 문제 때문에 나타날 수 있다. 원래 마음과 신체는 서로 밀접하게 연결되어 있다. 몸이 아프면 마음도 울적해지고, 마음이 괴로우면 몸의 컨디션도 나빠진다. 심리적인 문제가 신체로 나타나는 것을 예로 들어보자.

친구에게 빌려준 돈을 떼인 데다 엎친 데 덮친 격으로 집안 어른이 갑자기 쓰러지는 일이 생겼다고 하자. 그럴 때는 누구나 가슴이 답답해지고 머리도 떵하며, 소화도 잘 안 되고 잠도 편하게 자지 못한다. 이처럼 스트레스가 심할 때 사람들은 정신적으로 긴장할 뿐만 아니라 신체적으로도 긴장하게 된다.

우리 신체에는 심장이나 위장 등의 내장 활동을 관장하는 자율신경계가 있다. 자율신경계는 위험이 닥쳤을 때 교감신경계를 활성화시킨다. 불안할 때 심장이 빨리 뛰거나 무서울 때 진땀이 나고 몸의 근육이 긴장되는 것 등은 교감신경계가 활성화되어 나타나는 현상이다. 원시시대에는 맹수가 나타났을 때 이런 신체반응이 생겨서 빨리 도망가거나 맞서 싸울 힘을 낼 수 있었을 것이다. 이처럼 우리 신체는 감정이나 심리 상태에 따라 변한다. 이런 자율신경계의 활동은 위험이 도처에 있는 세상에서 생존을 도와주는 역할을 하며 오랫동안 진화해온 신체적 반응이다. 이런 반응은 자신도 의식하지 못하는 사이에 자동적으로 일어나며, 우리가 의도적으로 조절하기 어려운 경우가 많다.

그런데 시대가 변하면서 원시시대의 위험 상황과 현대의 위험 상황은 그 양상이 매우 달라졌다. 즉, 오늘날에는 맹수보다 정신적인 스트레스가 더 큰 문제다. 일시적으로 심한 스트레스를 받았을 때 몸이 무겁고 어깨나 목이 뻐근해지는 것을 경험해보았을 것이다. 반면, 골치 아픈 문제가 해결되고 나면 몸이 가벼워지고 컨디션도 좋아진다. 이런 경우에는 일시적인 스트레스 반응으로 몸 상태가 나빠졌다가 곧 회복되기 때문에 그렇게 큰 문제가 되지 않는다.

진짜 문제는 오늘날의 스트레스가 대부분 오래 지속되고 반복된다는 것이다. 이에 따라 교감신경계가 지나치게 오랫동안 활성화되어 긴장 상태가 지속되면서 좋지 않은 몸 상태가 수개월이나 수년간 계속될 수 있다. 또한 스트레스가 만성화되면 스스로 인식하지 못하게 되어 겉으로는 특별한 스트레스가 없는 듯 보이지만 몸이 아프다고 느끼는 경우가 있다. 이럴 때는 심리 상태와 신체 증상 간의 관계를 그리 간단하게 이해할 수 없다. 여기에는 복잡하고 미묘한 심리 작용이 개입하기 때문에 마음과 몸의 관련성이 쉽게 눈에 띄지 않는 것이다. 이처럼 과거의 단순하고 일시적이었던 스트레스와 달리 현대인의 스트레스는 매우 복잡해졌지만 우리의 신체는 시대의 빠른 변화에 맞추어 진화하지 못해 신체 곤란을 많이 경험할 수밖에 없게 되었다.

이처럼 신체화에서 보이는 많은 증상은 자율신경계의 활동과 관련된다. 스트레스를 받으면 강한 부정적 감정, 특히 우울, 불안, 분노, 적개심 등이 생기고, 이런 감정은 생리적 활동을 변화시켜 신체 증상을 일으키거나 사소한 신체 증상을 악화시킨다. 실제로 병원을 찾는 사람들을 대상으로 연구한 결과, 스트레스가 심하면 병원을 찾는 횟수도 많아진다고 한다. 따라서 심리적 고통이 몸이 아픈 원인 중 하나라고 볼 수 있다.

스트레스를 받으면 신체에 변화가 일어나지만 모든 사람이 생리적으로 똑같이 반응하지는 않는다. 어떤 사람은 심장 기능이 약해지고, 어떤 사람은 위장기능이나 성기능이 나빠진다. 또 평소에 건강을 염려하는 사람이 스트레스를 받으면 신체 변화가 더 크다. 이를 증명하는 실험이 있다. 겨울에 찬물에 발을 담그는 것은 대부분의 사람이 싫어하는 것이다. 따라서 스트레스를 일으킨다. 이 경우 건강을 염려하는 사람이 그렇지 않은 사람에 비해 심장이 더 빨리 뛰었고 손의 온도도 더 낮아졌다. 이처럼 스트레스를 받을 때 생리적으로 반응하는 데는 개인차가 있으며, 이것이 신체화를 생기게 하는 데 취약성으로 작용할 수 있을 것이다. ◆

2. 신체화의 심리적 원인: 정서 특성

1) 부정적인 감정

스트레스가 우리 신체에 미치는 영향은 앞에서 설명하였다. 그 외에도 여러 심리적 문제와 신체화는 함께 나타난다. 대개는 우울증과 불안이 문제가 된다. 우울하거나 불안한 사람들 중 절반 이상이 처음에는 심리 증상보다 신체 증상을 나타낸다(Kirmayer & Robbins, 1991).

만성적으로 통증을 느끼는 환자의 35~50%가 우울해한다. 우울증 환자의 65%가 식욕부진, 체중감소, 불면증, 수면과다, 초조함, 활력감퇴, 입마름, 변비, 두통 등의 신체 증상을 호소한다. 어떤 환자는 신체 증상에만 집착하고, 어떤 환자는 신체 증상과 우울 증상을 함께 갖고 있다. 이들 중에는 자신의 몸이 아픈 것이 우울하거나 불안한 데서 시작했다는 것을 아는 사람도 있지만, 이를 모르는 사람도 많다.

덴마크에서 정신과가 아닌 일반 병동 환자들을 대상으로 신체화 연구가 이루어졌다. 8년 동안 10회 이상 입원했던 환자들을 대상으로 조사하였더니, 그중 20%는 그처럼 자주 입원할 만한 신체적인 질병이 없었다. 이렇게 뚜렷한 이유 없이 지속적으로 신체화 증상을 나타내는 사람은 대부분 나중에 정신과에 의뢰되었다. 이들 중 우울이나 불안이 23%, 성격상의 문제가 48%였다.

(1) 우울증과 신체화

우울증과 신체화는 밀접하게 관련되어 있다(조현주 등, 2007). 우울증은 신체화의 가장 흔한 원인 중 하나다. 우울하면 왜 몸 상태가 나빠지는가? 우울한 감정이 있으면 매사를 부정적이고 비관적인 방식으로 보게 된다. 그러다 보면 몸이 조금만 불편해도 심각하게 보인다. 그래서 사소한 신체 증상도 심각하게 보일 수 있다. 또 우울해지면 관심사가 축소되면서 외부보다는 자신에게 주의가 향할 가능성이 커진다. 그렇게 되면 자기 몸에 신경을 많이 써서 아무것도 아닌 것에도 주의가 가게 된다. 예를 들어, 배 안에서 소리가 나거나 가끔 신체 특정 부위가 저린 것은 누구에게나 일어나는 일인데도 이를 큰 문제로 생각할 수 있다는 것이다.

이처럼 우울해지면 생각하는 것이 달라질 뿐만 아니라, 실제로 신체에 나쁜 영향을 주게 된다. 우울하면 만사가 귀찮기 때문에 몸을 움직이려 하지 않는다. 그러다 보면 몸의 기능이 원활하지 않게 되고 찌뿌둥한 상태가 된다. 또 운동량이 적어지면 지방이나 콜레스테롤이 축적되어 실제로 병이 되기도 하고, 밤에 잠도 잘 오지 않는다. 하루 이틀 못 자다 보면 나중에는 생활의 리듬이 깨져서 만성적인 불면증에 시달리게 된다. 밤에 못 자니까 낮에도 자주 누워 있게 되고, 이런 악순환이 계속된다.

그러나 우울증과 신체화 가운데 어느 것이 먼저 시작되었는지는 알기 어렵다. 어떤 우울증 환자는 자신이 우울해진 것은 신체 질병이 있기 때문이라고 생각한다. 또 어떤 환자는 몸과 마음이 모두 괴롭지만, 어느 쪽이 주된 것인지를 알지 못한다. 심지어 자신이 우울한 것이 주된 문제인 줄 알면서도 정신과 치료를 받는 것을 엄청난 낙인이 찍히는 것으로 생각해 우울증을 감추는 경우도 있다. 이는 의식적으로 또는 무의식적으로 그렇게 될 수 있다. 이런 사람들은 우울하다고 말하지 않고 주로 몸이 안 좋다고 호소한다. 그렇지만 몸에 이상이 있는 것이 아니기 때문에 이들이 호소하는 신체 증상은 수시로 변하고 모호한 경우가 많다.

특히 우리나라의 우울증에서는 신체 증상이 많이 보인다고 한다. 영국인의 우울증과 비교할 때, 우리나라 우울증 환자는 심리적으로 불안하고 매사에 흥미를 상실하는 증상도 많지만 특히 불면증, 소화불량, 여러 가지 신체 증상, 건강염려증, 체중감소를 뚜렷하게 많이 보인다. 한국인의 경우 소화 기능의 불편이 가장 많고 다음으로 두통, 수면장애 순이다.

(2) 불안과 신체화

불안하거나 공포증이 있어도 마찬가지로 몸 상태가 나빠진다. 불안하면 쉽게 긴장하고, 긴장하면 우리 몸은 일종의 전투태세를 갖추게 된다. 원시시대에는 호랑이 같은 맹수가 나타나면 힘이 약한 인간은 두려움을 느꼈다. 그러면 우리 몸은 싸울 준비를 하거나 재빨리 도망칠 준비를 한다. 이런 작용은 의도적으로 하는 것이 아니고 자동적으로 일어난다. 이는 우리 몸의 자율신경계 활동 때문이다. 긴장했을 때는 혈류의 흐름이 빨라져 온몸의 피가 근육으로 가면서 근육이 힘을 쓸 수 있게 만든다. 그래서 극도의 스트레스 상황에서 평소와는 다르게 엄청난 힘을 쓸 수 있게 된다. 예를 들면, 자신의 아이가 차 밑에 깔렸을 때 극도로 흥분한 어머니가 차를 들어 올리는 경우도 있다. 그러는 동안에는 소화기관이나 성적 기능이 약화된다. 위급한 상황에서는 그것이 중요하지 않기 때문이다.

이렇게 불안이나 두려운 감정은 원래는 인간이 위험에서

살아남을 수 있게 도와주는 역할을 했다. 그런데 현대에는 호랑이를 두려워할 일은 거의 없는 대신 대인관계에서나 자신의 일을 성취하지 못하는 데서 불안해하고 긴장한다. 이런 종류의 불안은 오랫동안 지속되기 때문에 더 문제가 된다. 오랫동안 필요 이상으로 지나치게 불안하고 긴장하게 되면 자율신경계도 계속해서 전투태세를 갖추고 있어야 하기 때문에 몸이 매우 피곤해진다. 또 부교감 신경계의 기능은 약화되어 소화기능이 계속 떨어져 소화불량이 생기거나 생식기능이 약화되어 불임이 되기도 한다. 원인을 모르는 불임은 상당 부분 심리적 스트레스 때문이라고 한다. 심장박동이 계속 빨라지면 고혈압이 되고 실제로 심장기능이 약해질 수도 있다. 또 혈관벽이 좁아지는 동맥경화가 될 수도 있다.

갑자기 숨이 막히고 죽을 것 같은 공포감에 휩싸이는 공황장애로 고생하는 사람들은 어떤가? 이들은 심장마비 같은 심장의 이상을 의심하는 경우가 많다. 그래서 응급실로 가기도 하고 반복적으로 심전도검사를 받기도 한다. 그러나 공황장애는 심장의 이상 때문에 오는 것이 아니기 때문에 심전도 검사에서는 이상이 발견되지 않는다. 공황 증상은 건강에 대한 공포와 불안 때문에 심장박동이 지나치게 빨라져서 생기는 현상이다.

(3) 적응 곤란과 신체화

자신의 현재 생활에 잘 적응하지 못하는 적응장애의 경우
에도 신체기능이 약화될 수 있다. 자신이 하고 있는 일에 대한
부담감과 긴장, 혹은 대인관계를 잘하지 못해서 오는 긴장과
불안 등이 긴장성 신체 증상을 유발한다. 대개 뒷목이 뻣뻣하
거나 어깨 혹은 등의 통증, 소화불량 같은 증상을 유발하며,
스트레스가 계속 이어지면 이런 신체 증상도 만성화된다.

이렇게 부정적인 정서는 우리 몸에 안 좋은 영향을 준다. 부
정적 정서에는 우울, 불안, 신경질, 두려움, 분노, 적개심, 죄
책감, 슬픔 등이 포함된다. 특정한 일이 생겼을 때 이런 정서
를 일시적으로 느끼는 것은 적응을 도와주지만, 지속적으로
부정적인 정서를 느끼는 것은 몸에 해롭다. 부정적인 정서와
신체 증상 간에는 상당한 관련이 있다. 예를 들어, 부정적인
정서를 많이 느끼는 사람은 그렇지 않은 사람에 비해 객관적
인 신체검사에서는 차이가 없어도 신체 증상을 더 많이 느낀
다. 즉, 면역체계의 기능, 심장혈관에서의 위험 정도고혈압, 높은
콜레스테롤, 비만, 사망률 같은 데서는 차이가 없는데도 주관적으
로 몸이 안 좋다고 느끼는 것이다.

그 이유는 무엇일까? 부정적인 정서를 느끼는 사람은 외부
에서 일어나는 일보다는 자기 내부에 주의를 더 기울인다. 따
라서 자기의 신체 상태에 더 예민해서 미묘한 신체 변화를 쉽

게 알아챈다. 그리고 이를 더 심각하게 해석한다. 실제로 부정적 정서를 느끼는 사람은 모호한 일을 더 부정적인 방식으로 해석한다. 그래서 자기의 건강에 대해서도 부정적인 견해를 갖게 된다. 또 부정적인 기분이 되면 과거에 나빴던 경험을 더 쉽게 기억하게 된다. 그래서 몸이 아팠던 경험도 쉽게 기억에 떠올라 건강을 더 걱정하게 된다. 이것을 그림으로 보면 다음과 같다.

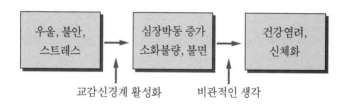

2) 감정의 본질

(1) 감정이란 무엇인가

원래 감정이란 우리가 살아나가는 데 도움이 되기 때문에 오랜 기간에 걸쳐 진화되어온 것이다. 예를 들어, 맹수가 나타나거나 자동차가 자신을 향해 달려올 때 우리는 불안과 공포감을 느끼기 때문에 재빨리 그 위험을 피한다. 만약 자동차가 달려오는데도 아무 감정을 느낄 수 없다면 우리는 그저 쳐다

보고 있다가 그다음 순간에 차 밑에 깔려 있게 될 것이다. 이처럼 현실적으로 위험이 닥칠 때 불안이나 두려움, 공포를 느끼는 것은 우리가 살아남기 위해 꼭 필요하다.

화 역시 필요한 감정이다. 우리는 다른 사람에게 비난을 받거나 모욕을 당했을 때 화가 난다. 또 부당한 일을 당했을 때도 화가 난다. 자기 자신의 일뿐만 아니라 내 가족이 누군가에게, 혹은 우리 국민이 외국에서 부당한 일을 당했다고 해도 역시 화가 난다. 굳이 나와 관련이 없는 사람에 대해서도 마찬가지다. 예를 들어, 아프리카 어느 지역의 원주민이 강대국의 횡포로 피해를 입었다는 뉴스를 들었을 때 우리는 동정심과 함께 분노를 느낀다.

사람에게는 타인의 감정을 내 감정처럼 느껴볼 수 있는 공감 능력이 있기 때문에 이런 것이 가능하다. 이런 일이 있을 때 아무 감정도 느끼지 않는다면 이처럼 부당한 일을 시정하려고 하지 않을 것이다. 분노 감정을 느끼기 때문에 사람은 이런 일이 다시는 일어나지 않도록 애를 쓰게 된다. 이렇게 분노 감정이라는 것도 공정한 세상이 되도록 하는 데 중요한 역할을 한다.

기쁨, 사랑 등의 긍정적 감정은 면역력을 높이고 통증을 완화시키는 등 신체를 건강하게 만들어준다. 또한 대인관계를 좋게 하여 적응하는 데 도움을 준다. 이처럼 감정이란 긍정적인 것이든 부정적인 것이든 원래는 사람에게 이로운 것이다. 즉, 상황에 맞게 적절한 감정을 갖는 것은 매우 자연스럽고 필요한 일이다.

⑵ 감정을 표현하는 데도 규칙이 있다

어떤 감정을 느끼는 것과 그것을 겉으로 어떻게 나타내는가는 별개의 문제다. 아기의 감정 표현은 직접적이고 강렬하다. 화가 나면 울고 소리치며, 땅바닥에 드러누워 구르고 손에 든 것을 던져버리기도 한다. 그렇지만 눈물 자국이 다 마르기도 전에 언제 그랬냐는 듯이 다 잊어버리고 헤헤 웃으면서 재미있게 논다. 이처럼 자기 감정을 있는 그대로 표현하고 나면 더 이상 그 감정에 영향을 받지 않게 된다.

그런데 조금씩 나이가 들면서부터는 언어로 의사소통이 가능해져서 감정을 말로도 나타낼 수 있기 때문에 격렬한 감정 표현은 줄어든다. 또 3~4세 이상이 되면 감정을 이렇게 강하게 나타내는 것이 주변 사람들에게 받아들여지지 않는다는 것을 배운다. 물건을 던지거나 소리를 지르면서 떼쓰는 행동을 하면 대개는 야단을 맞게 된다. 어떤 사회에서나 감정을 표현하는 방식은 대대로 전수된다. 따라서 그 사회에 잘 적응하려면 자기 감정을 있는 그대로 나타내기보다는 잘 조절해서 표현하는 것을 배워야 한다. 이런 과정을 거쳐서 사람은 자주 자기 감정을 감추고 타인에게 솔직하게 내보이지 않게 된다.

특히 분노나 적개심의 표현이 문제가 된다. 많은 사회에서 마구 화를 내거나 폭력을 휘두르는 것과 같이 분노 감정을 직접적으로 표현하는 것을 바람직하게 보지 않는다. 이는 사회의 안전을 위해서도 필요하다. 그래서 사람은 자기 감정이 어떤 역할을 하는지도 모른 채 무조건 억누르는 것을 배운다. 따라서 감정 그 자체가 마치 나쁜 것처럼 인식되어 '감정적인 사람'이라고 하면 대개 성격이 나쁘고 미성숙한 사람으로 간주된다.

그렇다면 감정은 표현되면 절대 안 되는가? 그건 아니다. 분노 감정의 경우에는 느끼는 그대로 표현하면 상당한 부작용이 있을 것이다. 화나는 대로 물건을 던지고 사람을 때린다면 그 사회는 폭력이 난무하고 혼란스러워져서 질서를 유지하기 어려울 것이다. 그렇기에 공격 행동이 심하면 법적으로 처벌을 받도록 하는 것이다. 또 성인이 분노를 과격하게 나타내면 성격이 이상한 사람이라든지 상종 못할 사람으로 본다. 그래서 분노 감정을 느끼더라도 이를 있는 그대로 표현하기보다는 좀 더 절제된 방식으로 표현하는 것이 필요하다.

분노 감정을 느끼는 것 자체를 나쁜 것으로 인식하고, 이를 어떤 방식으로든지 겉으로 표출하는 것도 나쁘다고 생각하는 경우가 많다. 무조건 내가 참는 것이 주변 사람들과의 마찰을 줄이는 길이라고 생각하는 것이다. 여기에는 자기 감정을 잘 참는 사람이 인격적으로 훌륭한 사람이라고 보는 유교적 전통 의식도 한몫을 한다.

여기서 우리는 2가지 참을성을 구별해야 한다. 첫 번째는 스스로 자신의 감정을 잘 알고 이를 현실에 맞게 조절해서 공격적이지 않은 온화한 방식으로 나타내는 경우다. 이것은 말처럼 쉽지는 않지만 가장 바람직하다. 두 번째는 무조건 감정을 억누르면서 겉으로 나타내지 않으려고 애쓰는 경우다. 이런 사람은 주변 사람들에게 착하고 인내심이 많다는 이야기를 많이 듣지만 그만큼의 대가를 치르게 된다. 물론 감정은 시간이 지나면서 약화되기는 하지만 완전히 없어지지 않는다. 그래서 자신의 감정을 지나치게 억누르고 오랫동안 지속시키면 마음의 병이 되기 쉽다. 나중에는 스스로의 감정이 어떤지조차 알 수 없게 된다. 따라서 너무 오랫동안 감정을 억누르다 보면 자기 감정을 알고 그것을 해결할 수 있는 능력이 약해진다.

사회에 잘 적응하려면 자기 감정을 조절할 수 있어야 하지만, 그것이 무조건 억누르라는 뜻은 아니다. 다음의 예를 보면 이해가 쉬워질 것이다.

평소에는 성실하고 얌전한 남편이 술만 마시면 아내에게

폭언을 하고 구타를 하는 경우가 있다. 아내는 몹시 억울하고 화도 나지만 참는 것이 제일이라고 생각해 가만히 있는다. 이런 경우, 부부 모두 감정 표현에 문제가 있다. 남편은 바깥일에서나 상사와의 관계에서 화가 났지만 그 감정을 해결하지 못하고 참았다. 그러나 분노 감정은 없어지지 않았기에 자기보다 힘이 약한 아내나 아이들에게로 옮겨간다. '종로에서 뺨 맞고 한강에서 눈 흘기는 식'인 것이다. 이렇게 되면 아내나 아이들은 부당한 대우를 받게 되고, 당연히 화가 난다.

또 분노감이 오랫동안 누적되면 그 분노감은 사소한 일에서 폭발할 수 있다. 마치 용암이 땅 속에서 부글부글 끓고 있다가 지반이 약한 곳에서 엄청나게 폭발하는 것과 같다. 이런 경우, 걷잡을 수 없을 정도로 심하게 화를 내게 되어 인간관계까지 해칠 수 있다. 평소에 매우 얌전하고 내성적이며 말이 없는 사람이 한 번 화나면 무섭다는 것이 이런 경우다. 사소한 일로 다투다가 우발적으로 살인까지 저지르는 경우나 술을 마시면 폭력적으로 변하는 사람은 평소에 자기의 분노 감정을 잘 다스리지 못했을 수 있다. 감정을 지나치게 억누르는 것은 이렇게 무서운 결과를 가져올 수 있다.

남편에게 부당한 대우를 받은 아내의 경우, 무조건 참으면 표면적으로는 평온한 가정을 유지할 수 있을지 모른다. 그렇지만 아내의 분노 감정은 자신도 모르게 아이들에게로 향할

수 있고, 또 다른 방식으로는 자기 몸이 아픈 것으로 나타날
수 있다. 감정 표현을 지나치게 억압하고 참는 것이 신체 증상
과 어떻게 관련되는지에 대한 많은 학술적 연구결과가 있다.

3) 감정 표현의 억압

(1) 감정을 표현하지 않는 것이 적응하는 데 도움이 되는가

정신분석 이론의 창시자인 프로이트는 감정의 억압이라는
현상을 매우 중요하게 생각하였다. 감정을 억압하는 것이 의
식적으로 일어나는지 아니면 무의식적으로 일어나는지에 대
한 의문이 제기되었다. 또 감정의 억압이 적응적이냐 부적응
적이냐의 의문도 계속 있었다. 이에 대해 대부분의 학자는 감
정의 억압이 무의식적으로 일어나고, 우리 자신의 생존 혹은
자존감자긍심을 위협하거나 갈등을 일으킬 수 있는 감정을 받
아들이지 않으려 하기 때문에 그것이 나타난다고 본다. 예를
들어, 나쁜 소식을 들었을 때 심리적 고통이 너무 크기 때문에
그것에 대해 반응하는 것을 회피할 수 있다.

가장 쉬운 예로 자신이 암에 걸렸다든지, 가족 가운데 누군
가가 갑자기 죽었다는 소식을 들었을 때 그것을 처음에는 믿
지 못한다. 그 소식은 너무나 충격적이고 위협적이기 때문에
일단 회피하고 보는 것이다. 이처럼 위협적인 정보를 피하려

는 무의식적인 목적이 있어서 그 당시의 두려운 감정은 억압된다. 그렇게 함으로써 엄청난 심리적 충격을 완화시켜주어 고통스러운 사건을 당할 때 그것을 일단 견뎌낼 수 있게 해준다. 그러나 이것이 장기화되거나 지나치게 적용되면 문제가 생긴다. 감정을 지나치게 억압하는 사람은 나중에 전환장애나 신체증상장애 같은 심리장애로 발전할 수 있기 때문이다(Singer, 1990).

감정 표현 방식은 정신분석 이론의 관점에서뿐만 아니라 특정한 문화에서 받아들여지는 사회규범과도 관련지어 연구되었다. 분노나 적개심을 과격하게 표현하는 것은 사회에서 받아들여지지 않기 때문에 어렸을 때부터 그것을 의도적으로 억제하는 법을 배운다. 이렇게 감정 표현을 무조건 참는 것이 습관이 되면 나중에는 무의식적으로 억압된다. 결국 자기 감정을 자기 자신도 모르게 되는 것이다. 그렇다면 이것이 적응에 도움이 될까?

암의 발생과 관련된 성격특성으로 C유형 성격에 대한 연구가 있다. 이런 성격을 가진 사람은 협동적이고, 부드러우며, 수용적이다. 그러기 위해서는 자신의 부정적인 감정을 많이 억제해야 한다. 이렇게 감정을 억제하는 경향은 선천적으로 타고났거나 생애 초기에 학습했을 수 있다. 이런 행동 양식을 보이는 사람은 인간성이 좋다거나 착하다는 말을 듣고, 인간관계에서 갈등을 일으키지 않기 때문에 적응적이다. 그러나 이런 습관적인 억제를 반복하게 되면 감정 억제가 자동적이고 무의식적으로 일어날 수 있다. 이렇게 되면 어떤 문제가 생길까? 확정적인 것은 아니지만 최악의 사태로는 암까지 생길 수 있다고 한다.

감정을 억압하는 유형의 사람은 불안하거나 화가 날 때 생리적 지표에서 이런 감정 상태가 객관적으로 나타나는데도 자신은 정서적인 어려움이 없다고 믿는다. 다시 말하면 자신의 진짜 심리 상태를 잘 모른다는 것이다. 그렇게 되면 심리적인 문제를 해결할 기회도 없어진다. 살다 보면 때때로 화도 나고 불안하기도 한 것이 정상이다. 이런 감정을 자연스럽게 느끼면서 문제를 해결할 적극적인 방법을 찾는 것이 바람직하다. 그러면 일시적으로는 다른 사람과 갈등을 겪기도 하겠지만, 장기적으로 볼 때 부정적인 감정이 누적되지 않기 때문에 인간관계도 더 원활해진다. 현재의 문제가 심각하고 괴로우니까 일단 회피하고 보자는 것은 적응에 도움이 안 된다. 힘들어도 직접 부딪쳐서 해결하는 것이 가장 성숙한 대처방법이다.

인생을 달관한 사람은 어린아이 같다고 한다. 그 말은 많은 뜻을 담고 있겠지만, 감정 처리에도 적용될 수 있다. 도가 텄다는 것은 아무 감정도 느끼지 않고 감정의 동요가 없는 것을 말하는 것이 아니다. 그보다는 좋은 감정을 느낄 때 크게 웃고, 화가 날 때 적절하게 화를 내며, 부당한 일을 보았을 때 부당함을 지적하는 것이 성숙한 사람의 특징이다. 그렇다고 해서 사소한 일로 늘 짜증을 내는 것이 좋다는 말은 아니다. 감정의 표현과 적당한 억제 간의 조화가 중요하다. 바람직한 감정 표현 방식은 3장에서 다룰 것이다.

(2) 감정을 억지로 참는 것은 몸에 나쁘다

감정을 무의식적으로 억압하는 것뿐 아니라 의식적으로 억제하는 것이 어떤 영향을 주는지에 대한 연구도 있다. 억압은 무의식적으로 일어나는 것인 데 비해 억제는 의식적이고 의도적으로 감정을 억누르는 것이다. 그래서 억압에 비해 억제가 더 성숙한 감정처리 방식이며 사회생활에 적응하는 데 있어서도 중요하다. 어떤 경우에는 처음에는 의식적으로 감정을 억제하다가 이것이 습관화되면 무의식적으로 억압하게 될 수도 있다.

의식적으로든 무의식적으로든 감정을 너무 표현하지 않는 것은 장기적으로 생리적 각성 상태를 지속시키고 신체에 불편감을 가져온다. 즉, 감정 표현을 하지 않는 것 자체가 우리 몸에 나쁜 영향을 준다. 앞에서 나왔던 것처럼 불안하거나 화가 나면 자율신경계의 교감신경이 활성화되어 신체상에 변화가 나타난다. 이때 자기 감정을 잘 알고 이를 적절하게 표현하면서 문제를 해결하면 신체는 다시 정상으로 돌아온다.

그런데 그 과정이 제대로 되지 않으면 교감신경이 계속해서 활성화되어 필요 이상으로 심리적인 위기 상황이 오래 지속될 수 있다. 이로 인해 계속 신체적으로 긴장하게 되고, 잠도 잘 못 자며, 소화 기능도 약해지는 등 신체적인 불편이 커진다.

신체 건강이 스트레스와 관련된다는 연구는 많다. 이때 스트레스 사건 그 자체보다도 그것을 숨기고 회피하며, 타인에게 노출하지 않는 것이 더 나쁜 결과를 가져온다. 똑같은 스트레스 사건을 겪어도 사람마다 주관적으로 느끼는 스트레스의 정도는 다르다. 실직했을 때 어떤 사람은 고통스럽고 억울한 감정을 혼자서 삭이고 아무에게도 말하지 않으면서 마음속에 담아둔다. 그러면 그 감정은 계속해서 그 사람에게 악영향을 준다. 또 어떤 사람은 자신의 고통을 가까운 사람에게 털어놓고 위로를 받는다. 그러면 부정적인 감정이 어느 정도 완화되면서 앞으로 어떻게 할 것인지 해결책을 찾는 데 모든 에너지를 집중할 수 있다.

자기가 겪는 스트레스에 대해 다른 사람에게 이야기하는 것은 사회적 유대를 강화시키고 정서적 지지를 받을 수 있게 한다. 그리고 대처 정보를 다양하게 얻을 수도 있고, 그 사건을 더 잘 이해할 수 있게 해주기 때문에 스트레스에서 빨리 벗어나는 데 도움이 된다. 반면에 이를 털어놓지 않으면 스트레스는 더 오래 지속되고, 이는 신체에도 나쁜 영향을 준다. 어떤 생각이나 느낌 혹은 행동을 지나치게 억제하는 것이 만성화되면 신체의 긴장도 누적되어 질병에 걸릴 가능성이나 심리적 고통이 더 커진다. 따라서 외상적 경험을 글로 쓰거나 다른 사람에게 이야기하는 것은 심리적 · 신체적으로 득이 된다. 이처럼 자기표현과 자기개방을 하면 면역 기능이 향상되고 자율신경계의 교감신경계 활동은 감소하여 신체 증상을 완화시킬 수 있다(Esterling, L' Abate, Murray, & Pennebaker, 1999; Pennebaker & Susman, 1988).

정서 표현을 억제하는 정도가 사회문화적 배경에 따라 다르다는 연구가 있다. 많은 동아시아 문화와 한국, 일본, 중국 등은 정서 표현을 바람직하게 여기지 않는 경향이 있다. 이런 문화에서는 부정적인 감정을 나타내는 것이 다른 사람에게 받아들여지지 않는다. 그러나 몸이 안 좋다고 불평하는 것은 받아들여진다. 이런 경향은 특히 여성의 경우에 더 나타날 수 있는데, 한국 여성을 대상으로 한 연구결과에서 가족갈등과 분노억제가 신체화를 잘 설명하였다(김혜란, 박경, 2006). 심리적인 어려움이 있을 때 감정을 직접 표현하기보다는 신체적으로 표현하는 것이 의식적으로든 무의식적으로

🔑 감정 억제 실험

감정을 억제하는 것이 몸에 어떤 영향을 주는지를 보여주는 실험이 있다. 분노, 불안, 슬픔 등의 다양한 감정을 의도적으로 일으켰을 때, 표정으로 감정을 많이 나타내지 않는 사람이 여러 가지 신체 증상(관절통, 피부, 순환기 증상)을 더 많이 보고 하였다. 따라서 감정 표현을 억제하는 것이 신체 증상을 더 많이 느끼게 만든다는 것이 증명된 셈이다.

또 대학생을 대상으로 정서 표현 행동을 실험적으로 조작한 연구가 있다. 이 실험에서 부정적인 정서를 유발하기 위해 화상 환자를 치료하는 영화와 중성적인 내용의 영화를 보여주었다. 이때 한 집단에게는 자발적인 표정을 억제하도록 지시하였고(당신이 어떤 감정을 느끼는지 다른 사람이 알지 못하게 행동하십시오), 다른 집단에게는 영화를 보라고만 지시하였다. 그러고 나서 여러 가지 생리적 측정을 하고 자기보고 질문지(정서 형용사 평정)를 작성하게 했으며, 실험에 참여한 사람들의 반응을 모두 녹화하였다. 실험 결과 표정을 억제한 사람들이 그렇지 않은 사람들보다 생리적 반응이 더 컸다. 즉, 피부 전도가 더 증가하였고(긴장하면 땀이 나기 때문에 습기가 많아져서 전기가 잘 통한다), 맥박수도 증가하는 등 교감신경계 활동이 더 증가하였다.

이런 연구결과들을 종합해보면, 정서를 억제하는 것은 생리적 반응을 크게 만들기 때문에 만성적으로 정서를 억제하는 사람은 몸의 상태가 나빠지고 질병에 걸릴 가능성도 커진다는 것을 알 수 있다.

든 습관화되면 앞서 언급한 것 같은 많은 부작용이 생길 수
있다. 문화에 따른 감정 표현의 특징은 뒤에서 다시 언급할
것이다.

(3) 감정 표현 불능증

감정 표현을 잘 못하는 것을 감정 표현 불능alexithymia이라고
한다. 이 말은 원래 그리스어로 '감정을 언어로 나타내지 못한
다'는 뜻이다. 이런 특성을 가진 사람은 자신의 내적 감정이나
소망 등을 겉으로 표현하지 못한다. 또 자신이 지금 어떤 감정
상태에 있는지를 정확히 알아차리지 못한다. 이처럼 자신의
감정에 이름을 붙이지 못하기 때문에 이들은 흥분했을 때 나
타나는 신체적 변화교감신경계의 활성화를 자신의 감정과 연관지
어 생각하지 못한다. 그래서 신체 변화를 감정 때문이 아닌 질
병의 신호라고 잘못 해석하게 된다. 따라서 사소한 신체 증상
만 있어도 건강을 염려하고 신체화를 나타낼 수 있다.

감정 표현 불능증이 있는 사람은 자기 감정과 그 감정 상태
에서 나타나는 신체 변화 간의 차이를 잘 구별하지 못한다
(Taylor, Bagby, & Parker, 1991). 그렇기 때문에 자신의 감정
을 다른 사람에게 적절하게 말로 표현하면서 알려주지 못한
다. 병원을 찾는 신체화 환자나 만성적 통증 환자의 47%가 감
정 표현 불능증의 특징을 보인다. 최근 연구에 따르면 위장내

과, 심장내과, 종양학과, 피부과에 내원한 환자 등 다양한 질
병군을 대상으로 연구한 결과, 1/3의 환자에게서 감정 표현
불능증이 불안, 우울과 관련이 있었고, 1/3의 환자에게서는
신체화와 연관되어 있었다. 즉, 일반 병원을 찾는 환자의 35%
는 감정 표현 불능증을 가진 신체화 또는 질병행동을 보였다
(Porcelli et al., 2013).

국내의 연구결과, 내과에 입원한 환자 중 71%가 감정 표현
을 잘 못한다는 보고도 있다. 신현균과 원호택(1997)의 연구
에서도 대학생과 정신과 환자 모두에게서 감정 표현 불능증과
신체화 간에 관련성이 있었다.

그렇다면 감정 표현 불능증인 사람이 신체화를 보일 가능
성이 왜 큰가? 이들은 정서와 관련되어 있는 정보를 효과적으
로 처리하지 못하므로 스트레스에 취약하고, 따라서 스트레
스를 받을 때 신체가 더 각성된다. 스트레스에 효과적으로 대
처하지 못하기 때문에 스트레스 사건이나 상황에 더 오래 노
출되는 것이다. 그러다 보니 교감신경계가 오랫동안 활성화
되어 있어서 몸 상태가 나빠지게 된다. 실제로 이들은 스트레
스에 대해 과장된 신체반응을 보인다.

스트레스를 받고 난 후 회복기에 들어가면 감정 표현 불능
증이 아닌 사람은 교감신경계의 활동이 급속하게 감소하여 스
트레스에서 빨리 벗어난다. 이에 비해 감정 표현 불능증인 사

람은 회복기에도 교감신경계의 활동이 스트레스 기간보다 낮아지지 않아서 스트레스에서 빨리 벗어나지 못한다. 그래서 감정 표현 불능증인 사람이 스트레스를 많이 받으면 신체화에 걸리기 쉽다.

성인뿐 아니라 초등학생의 경우에도 감정 표현 불능증은 신체화 증상과 관련성이 있다(정선미, 김진호, 2009). 그렇다

 감정 표현 불능증 척도(일부)

자신이 감정을 표현하는 데 얼마나 어려움을 겪는지를 알아보자. 원래 23문항으로 되어 있는 질문지의 일부 예를 아래에 제시하였다. 만약 여러 문항이 자신에게 해당된다면, 감정을 표현하는 데 어려움이 있음을 나타낸다.

1. 내가 어떤 감정을 느끼고 있는지 자주 혼동한다.
2. 내 기분(감정)을 적절한 말로 표현하기가 어렵다.
3. 기분이 상했을 때는 내가 슬픈 건지, 두려운 건지, 화가 난 건지 분간이 안 된다.
4. 내 속마음을 나도 모르겠다.
5. 내가 왜 화가 났는지 모르는 때가 종종 있다.
6. 다른 사람에 대한 내 느낌을 말로 나타내기가 힘들다.
7. 친한 친구에게도 내 감정을 쉽게 표현하기 어렵다.

출처: 신현균, 원호택(1997).

면 감정 표현 불능증은 왜 생기는가 하는 의문이 생길 것이다. 유아를 오랫동안 관찰 연구한 결과, 생애 초기에 유아와 양육자의 관계가 일관성이 없고, 신뢰롭지 못하며, 따뜻하지 못했을 때 감정을 포함해서 자기를 규제하는 능력이 잘 발달하지 못해 감정 표현 불능증이 될 수 있다(Taylor, 1987). 또 부모가 감정 표현 불능증인 경우에 자녀도 이를 모방하기 쉽다. 정서를 말로 전달하지 못해 감정 조절이 어렵게 되는 것이다. 감정 표현 불능증은 이처럼 이전에 가족 간의 관계가 어떠했는지, 질병을 앓을 때 어떤 취급을 받았는지, 부모의 성격이 어떤지 등 여러 가지 요인에서 영향을 받아 생기는 것 같다.

4) 정신분석 이론에서 본 신체화

(1) 심리적 갈등의 신체적 표현

부정적 감정, 심리적 갈등 같은 심리적인 문제와 신체 증상 간의 관계를 심층적으로 다룬 이론이 정신분석 이론이다. 여기서는 신체화를 심리적인 문제가 신체를 통해 표현되는 것, 즉 '신체화 반응'을 자기 자신이 심리적 불안을 의식하지 못하고 내장의 문제로 표현하는 것으로 설명하기도 한다. 이를 수압기제hydraulic mechanism로 설명할 수도 있다. 다시 말해, 감정은 어떤 통로를 통해서든지 표현되어야 하는 원초적인 동기인

데, 만약 감정 표현이 차단되면 그 감정은 다른 통로_{신체}를 통해 더욱 과격하게 표현된다는 것이다. 그래서 신체화는 자기도 모르는 특정한 뜻이나 감정을 다른 사람과 의사소통하는 방법이 되기도 한다.

신체 증상은 자기표현의 한 수단이며, 심리적 갈등을 해결하려는 시도다. 이 관점에서는 신체화를 자신을 보호하기 위한 하나의 방어기제로 본다. 그렇다면 신체화를 함으로써 어떻게 자신을 보호할 수 있는가?

사람들은 흔히 분노, 적개심, 이별에 대한 불안, 성적인 갈등을 겪을 때 자신의 진짜 심리적인 문제를 알지 못하고 자기 내부의 부정적인 감정을 받아들이지 않으려 한다. 이런 현상이 나타나는 이유는 부정적인 감정을 의식 수준에서는 감당하기 어려워서 무의식 속으로 들여보내기 때문이다. 이처럼 자기의 진짜 문제를 잊어버리려는 시도가 무의식적으로 일어나고 이런 과정에서 부정적인 감정 대신 몸에서 일어나는 사소한 일에 더 신경을 쓰게 된다. 그래서 신체화가 생긴다는 것이다. 스스로는 자기 몸이 아픈 것과 심리적인 문제 사이의 연관성을 모를 수 있다. 그러나 이처럼 몸이 아픔으로 해서 심리적인 문제에서 오는 심리적 고통은 일단 피할 수 있다.

(2) 전환 증상

이처럼 정신분석학에서는 신체화를 심리적 고통이나 갈등을 무의식적으로 몸을 통해 표현하는 것으로 본다. 이를 전환 증상이라고 부른다. 이런 경우 실제로 신체에 이상이 없는데도 갑자기 눈이 보이지 않거나 귀가 들리지 않거나 말을 못하게 되기도 한다. 또는 팔이나 다리처럼 신체의 특정 부위가 무감각해지거나 움직여지지 않는 경우도 있다. 어떤 경우는 온몸에 힘이 빠지면서 쓰러지기도 한다. 이럴 때는 큰 병으로 알기 쉽지만, 사실은 신체의 기질적인 문제가 아닌 심리적인 문제다.

정상적으로 생활하는 사람도 대부분 한두 번 정도는 심각하지는 않더라도 이와 비슷한 경험을 한다. 충격적인 사실을 접하면 사람은 정신적으로 충격을 받아 잠시 멍해진다. 예를 들어, 가족이 갑자기 사고로 사망했다는 소식을 듣는 순간 그 사실이 믿어지지 않고 실감할 수 없다. 이처럼 정신적인 충격을 받을 때는 우리 몸도 평소와 다른 반응을 보인다. 온몸에 힘이 빠져 실신하기도 한다. 잠시 아무 소리도 안 들리고 눈앞이 캄캄해질 수도 있다. 말을 하려고 해도 말이 안 나온다. 이런 경우에도 심리적 충격이 신체를 통해 표현되었다고 볼 수 있다. 물론 이런 식의 전환 증상은 일반인의 경우 대개는 일시적이고 짧은 시간 동안 일어난다.

문제가 심각한 것은 전환 증상이 오랫동안 없어지지 않는 경우다. 정신분석 이론에서는 이런 현상을 히스테리라고 부르며, 진단 용어는 전환장애다. 예를 들어보자.

주부인 P씨는 오른팔이 자주 아프고 힘이 없어지는 것 때문에 병원에 갔다. 신체검사를 받았지만 근육이나 신경 어디에도 이상이 없었다. 그녀는 나중에 심리치료를 받게 되면서 가족 얘기를 많이 하였는데, 지난 몇 달 간 남편과 자주 싸웠다고 했다. 한 번은 싸우다가 너무 흥분해서 자기도 모르게 옆에 있는 재떨이를 높이 들어 올려 남편에게 던지려고 했다. 그 순간 갑자기 팔이 너무 아프고 맥이 빠지는 현상이 나타났다. 그 일이 있은 후 그녀는 자주 팔이 아픈 증상 때문에 고생해야 했다.

정신분석 치료자는 오랜 면담을 통해 그녀의 남편과의 갈등을 알아냈다. 그녀는 남편에게 화를 내고 공격하고 싶은 충동을 느꼈지만, 그와 동시에 그러지 말아야 한다는 자기 내부의 금지가 팔을 못 쓰게 만들어 재떨이를 던지지 못하게 한 것이다. 이런 사실은 매우 심층적인 마음속에서 일어나는 현상이라서 스스로 의식할 수 없다. 그녀는 남편과 문제가 있다는 사실을 스스로 의식하고 있었지만, 남편에 대한 공격 충동과 그것을 스스로 금지시키고 자신에게 벌을 주려는 경향을 자기 안에 갖고 있다는 사실은 알지 못했다. 그래서 팔이 왜 아픈지를 이해할 수 없었던 것이다. 그녀는 심리치료를 통해 이런 사실을 이해하고 나자, 자기의 팔이 아플 때는 주로 남편에게 화가 날 때라는 것을 알게 되었다 (Mentzos, 1982).

정신분석 이론에서는 우리 마음속에서 우리 자신이 잘 모르는 여러 가지 심리적 활동이 일어난다고 본다. 위의 예에서처럼 팔을 못 쓰게 함으로써 자기 행동을 스스로 처벌하고 금지시키는 것도 무의식적으로 일어난다. 이처럼 자기 잘못에 스스로 죄책감을 느끼면서 자신이 처벌받아야 한다고 생각하는 경우에 심인성 신체 증상이 생겨 몸을 아프게 만든다.

이런 관점에서 보자면 통증의 심층적 원인은 양심초자아이라고 할 수 있다. 양심은 자신의 잘못된 행동이나 생각을 스스로 제약하고 처벌하는 역할을 한다. 양심적인 사람은 타인의 물건을 훔쳤을 때 보는 사람이 없어도 스스로 양심의 가책을 느껴 괴로워한다. 즉, 자기 스스로에게 벌을 주는 것이다. 양심은 꼭 필요한 것이지만 너무 경직되어 있을 때는 문제가 된다. 부모가 아이의 사소한 잘못에도 처벌을 많이 하고 아이에게 죄책감을 많이 심어주면 성장한 후에도 사소한 잘못에 대해 죄책감을 지나치게 많이 느끼게 되고, 죄에 대해 스스로 가

혹하게 벌을 주려고 할 수 있다. 이렇게 벌을 주는 방식 중 하나가 신체화다. 전환 증상이 실제 신체 질병에서 비롯된 것이 아니고 심리적인 원인에서 오는 것임을 보여주는 또 다른 예가 있다.

교육을 거의 받지 못한 Y씨는 좋은 것은 모두 오른쪽에 있다는 믿음을 갖고 있었다. 그래서 오른손과 오른쪽 다리가 왼손이나 왼쪽 다리보다 더 중요하고, 값비싼 물건은 모두 방의 오른쪽에 놓아야 한다고 믿었다. 그래서 그는 우리 몸에서 가장 중요한 심장도 오른쪽 가슴에 있다고 믿었다. 어느 날 Y씨는 충격적인 일을 겪은 직후 심장발작이 일어나는 것 같은 느낌을 받았다. 그런데 Y씨는 오른쪽 가슴을 움켜쥐고 고통스러워했다(원래 심장은 왼쪽 가슴에 있다). 그는 실제로 오른쪽 가슴에 통증을 느꼈던 것이다. 어떻게 이런 일이 가능할까?

이 예는 심장병 환자라면 어떤 증상을 보일지에 대해 평소 나름대로 상상해오던 것을 자기가 경험하게 된 경우다. Y씨는 심리적으로 충격을 받거나 흥분했을 때 심장에 부담이 온다는 것을 어디에선가 들었는데, 자기에게 그 일이 닥치자 심장이 오른쪽에 있다는 믿음 때문에 자기도 모르게 오른쪽 가슴에 통증을 느낀 것이다. 이런 경우는 특정한 질

병에 대해 잘못된 지식을 갖고 있었던 것과 그 지식에 따라
행동한 결과를 보여준다(Mentzos, 1982).

이 예에서 보듯이 전환 증상은 실제 신체 질병과는 거리가
있다. 우리 자신도 알지 못하는 우리 내부의 심리 상태가 있을
수 있고, 이런 심리적인 문제가 몸을 아프게 만든 것이다. 옛
날에는 신체가 마비되는 등의 기능성 증상이 많았지만, 오늘
날은 교육 수준이 높아지고 이런 전환 증상에 대해 이해하는
사람이 많아지면서 증상이 좀 더 정교화되고 다양화되었다.
그래서 소화불량이나 무기력증처럼 불명확한 신체 증상이 더
많아졌다.

이처럼 정신분석 이론의 입장에서 볼 때 원인을 알 수 없는
신체 증상은 마음속의 우울, 불안, 분노감, 죄책감 등을 잘 알
지 못하고, 이런 심리적인 문제를 신체 경로를 통해 표현한 것
이다. 그러나 모든 신체적인 문제를 이렇게 해석하기는 어렵
다. 왜냐하면 신체 증상과 심리적 증상이 함께 나타날 때도 많
기 때문이다. 여러 연구를 보면 우울 증상을 보이는 환자가 신
체 증상도 많이 보였다. 따라서 신체 증상을 우울 같은 심리적
문제에 동반하는 표현으로 보아야 하는 경우도 있다.

오늘날의 정신분석 이론대상관계 이론이나 자기심리학은 신체화의
의미를 설명하는 데 있어서 생애 초기의 아기와 양육자의 관

또 다른 정신분석적 관점: 신체화는 일종의 퇴행 현상

어떤 정신분석 이론가들은 신체화를 심리적 문제 때문에 어린 시절로 퇴행하는 것으로 생각한다. 어린아이의 경우를 보자. 아기는 외부에서 고통을 주면 우선 울거나 몸을 움츠리는 식의 신체반응으로 대응한다. 아기는 말을 하지 못하기 때문에 몸으로 자기가 아프다는 것을 남에게 알리는 것이다. 그러다가 아기가 성장할수록 신체반응은 점차 줄어들고 사고 과정이 더 많아진다. 이렇게 아기가 발달해나가는 것을 탈신체화(신체반응에서 벗어난다는 뜻)라고 한다.

이런 관점에서 보자면, 신체화는 어른은 심리적인 문제가 생기면 아기가 보이는 반응처럼 신체 증상을 나타내는 사람이다. 이를 재신체화라고 한다.

따라서 심인성 통증은 유아기 때 부모에게서 받았던 만족감을 다시 추구하는 것과 관련된다. 즉, 유아는 몸이 아프거나 고통을 당한 뒤에는 부모의 사랑과 보살핌이 온다는 것을 경험하게 된다.

특히 평소에 부모의 사랑을 받지 못하고 자란 아이는 자신이 고통을 당할 때 부모가 관심을 가져준다는 사실을 무의식적으로 터득하게 된다. 그래서 성장한 후에도 심리적인 어려움에 직면했을 때 자기도 모르게 몸이 아프게 되어서 다른 사람의 관심과 사랑을 받으려 한다는 것이다.

계를 중요하게 본다. 유아를 정밀하게 관찰해본 결과, 생애 초기에 양육자와의 관계가 안정되지 못하면 자기조절 능력이 잘 발달하지 못해서 신체 증상에도 취약하게 된다. 이처럼 양육자와의 관계에 문제가 있을 때는 대인관계에서 생기는 문제나 자신의 감정 문제를 잘 해결하지 못하게 되고, 이 때문에 심리적 문제뿐 아니라 신체적인 불편감도 생길 수 있다. ◆

3. 신체화의 심리적 원인: 인지 특성

철수와 민수가 함께 자전거를 타고 가는데 날씨가 쌀쌀해서 손이 차가워졌다. 그런데 철수는 자기 손이 차가워진 것을 알지 못했고 민수는 알아차렸다. 두 사람이 똑같이 체온이 내려갔는데 왜 한 사람은 자기 체온의 변화를 알아차리고 다른 사람은 그렇지 않았을까?

철수는 자전거를 타고 가면서 어제 친구들과 이야기했던 것을 생각하고 있었고, 민수는 별다른 생각 없이 자전거를 타고 있었다. 철수처럼 다른 일에 대해 생각하고 있었다면 신체의 변화를 알아차리기 어렵다. 물론 숙달된 일이라면 그것도 가능하다. 예를 들어, 타자를 아주 잘 치는 사람은 타자를 치면서 라디오에서 나오는 노래를 따라 부를 수 있다. 그러나 이런 경우를 제외하고는 대개 한순간에 한 가지씩에 주의를 기울이게 된다. 인간이 어떤 것에 주의를 기울이는 데는 한계가 있기 때문이다. 철수는 어제 일에 주의가 가 있었기 때문에 자기 몸에는 주의를 기울이지 않았고, 그래서 체온의 변화를 알지 못했다. 이에 비해 민수는 특별히 주의를 기울여서 생각한 것이 없었기 때문에 신체의 변화에 쉽게 주의가 쏠렸다. 이렇게 똑같은 신체 상태라도 우리가 주의를 기울이느냐 아니냐에 따라서 우리는 그것을 인식하기도 하고 인식하지 못하기도 한다.

민수처럼 손의 체온에 주의가 쏠리면 왜 체온이 내려갔는지를 생각하게 된다. 이때 대부분의 사람은 날씨가 추워서 손이 차가워졌다고 생각하고 장갑을 끼거나 손을 비벼서 열을 내거나, 빨리 집으로 돌아가려고 할 것이다. 그런데 평소에 혈액순환에 대해 관심이 많거나 그것을 걱정하고 있었다면 현재 체온이 내려간 것과 관련지어서 생각하게 된다. 그래서 체온이 내려간 것을 보니 역시 혈액순환이 안 되는구나 하고 생각할 것이다. 이렇게 생각하면 날씨 때문이라고 생각했던 때와는 전혀 다른 생각이 이어질 것이다.

이보다 더 심한 경우는 큰 병에 걸려서 체온조절이 안 된다고 생각하는 것이다. 이는 소위 건강염려증이라는 것으로, 큰 문제가 아닌데도 병에 걸린 게 아닌지 걱정하고 계속 건강에 대해서 지나치게 신경 쓰는 것이다. 이런 사람은 체온이 내려간 것을 느끼면 이제 정말 큰일 났다고 생각해서 집에 돌아와 건강에 대한 책을 찾아보거나 병원에서 검사를 받아보려고 할 것이다.

이 예에서 알 수 있듯이, 아무것도 아닌 일시적인 신체의 변화에 대해서도 어떻게 생각하는지에 따라서 건강을 염려하게 되고, 그러다 보면 몸의 여기저기가 안 좋은 것처럼 느낄 가능성이 커진다. 이처럼 생각을 어떻게 하느냐가 신체화에 영향을 줄 수 있다.

이런 현상을 과학적으로 밝히기 위해 다음과 같은 재미있는 연구가 실시되었다. 연구자들은 사람이 운동을 하는 동안에 나타나는 신체의 변화에 대해 생각하기에 따라서 다르게 느낀다는 것을 실험을 통해 보여주었다. 이 실험에서 연구 참여자의 절반에게는 지금 독감이 유행이라고 말해주고, 나머지 절반에게는 그런 말을 해주지 않았다. 그리고 나서 운동을 하면서 나타나는 숨 가쁨, 땀 흘림 등의 신체 증상에 대해 그 이유가 무엇인지 물어보았다. 그 결과 독감 이야기를 들은 사람이 듣지 않은 사람에 비해 현재 신체 증상을 독감 때문이라고 더 많이 해석하였다. 이처럼 어떻게 생각하느냐에 따라서 똑같은 신체 변화나 증상을 다르게 받아들인다. 평소에 건강에 대해 걱정하고 있다면 사소한 신체 증상도 심각한 병이라고 생각하기 쉽다.

이런 예는 의학을 공부하는 의대생에게서도 찾아볼 수 있다. 이들은 의대에서 공부하면서 질병에 대해 많은 지식을 갖게 된다. 그래서 이전에는 몰라서 신경 쓰지 않았던 신체의 미묘한 변화들을 알아차리기 쉽다. 그리고 그런 신체의 변화에 어떤 뜻이 있는지를 적극적으로 찾으려 한다. 그러다 보면 여러 가지 관련될 수 있는 질병을 떠올리게 되고, 그 병에 걸리지 않았을까 걱정하게 된다.

많은 연구자가 이처럼 우리가 생각하는 방식과 신체화의 관계에 대해 연구하였다. 사소한 신체 증상을 경험할 때 그 의미를 해석하는 방식은 사람마다 다를 수 있다. 신체화는 사소한 신체 변화를 증폭해서 지각하고, 그 증상에 계속 주의를 기울이며, 증상의 원인에 대해 잘못 생각하기 때문에 생길 수 있다(Kirmayer, Robbins, & Paris, 1994). 즉, 어디에 주의를 기울이고, 어떻게 신체 증상을 해석하며, 건강에 대한 기본적인 생각은 무엇인지 등이 신체화를 일으킨다. 이런 과정을 하나씩 살펴보자.

1) 신체에 대한 주의와 신체화

연구원인 김 박사는 주말이 되면 두통에 시달린다. 그는 일요일만 되면 월요일에 제대로 일을 할 수 있을까 걱정이 될 정도로 머리가 아프다. 그는 주중에 매우 바쁘게 지내다가 주말에는 잠도 많이 자고 편하게 쉬는데 왜 몸 상태가 안 좋은지 이해할 수 없었다. 그렇지만 월요일 아침이 되면 출근해서 눈 앞에 쌓여 있는 일을 하기 시작하고, 두통에 대해서는 잊어버린다. 이런 현상을 어떻게 이해해야 할까?

주말에만 머리가 아프다는 것은 실제 뇌에 어떤 기질적인 문제가 있어서라기보다는 특정한 상황에서 나타나는 심리적 문제 때문인 것으로 보는 게 더 맞을 것이다. 그렇다면 김 박사는 시간 여유가 없이 바쁜 주중에는 항상 주말을 기다리는데, 왜 정작 주말이 되면 머리가 아픈 것일까?

김 박사의 사례는 어디에 주의를 기울이느냐에 따라서 몸이 아플 수도 있고 아프지 않을 수도 있다는 것을 보여준다. 그는 일요일이 되면 늦잠을 잔다. 늦잠은 평소의 신체 리듬을 깨뜨리기 때문에 약간의 신체 변화를 가져올 수 있다. 다른 날에는 해야 할 일에 온 신경을 쓰느라고 자기 몸에 주의를 기울이지 못하지만, 마음의 여유가 있는 일요일에는 자기 몸의 변화에 주의가 갈 수 있다. 한 번 주의를 기울이면, 주의를 기울이지 않았을 때는 알아채지 못한 여러 가지 현상을 알아채게 된다. 그래서 머리가 따끔거리는 느낌이나 욱신거리는 느낌이 더 크게 다가오고, 계속 거기에 신경을 쓰다 보면 두통에 사로잡히는 것이다. 그러다가 월요일 아침이 되면 자기 몸보다는 해야 할 일이 급하니까 몸에 주의를 기울이지 못해 두통이 사라지는 것이다. '바쁜 사람은 아플 시간도 없다'는 말이 이런 것을 뜻하는 것은 아닐까?

할 일이 많은 사람은 몸이 좋지 않아도 무시하고 할 일을 하게 된다. 그러다 보면 일시적인 신체 변화는 곧 지나가버리기 때문에 아무 문제가 되지 않는다. 그런데 시간적 여유가 많으면서 특별히 어떤 일에 관심이 있지도 않은 사람은 자기 몸 상태에 주의가 가기 쉽다. 자녀를 다 키운 전업 주부의 경우가 여기에 해당할 수 있다. 집안일을 많이 하고 취미생활을 하거나 주위 사람들과 어울리느라 바쁜 주부라면 신체화가 생길 가능성이 적다. 그런데 특별한 일이나 취미가 없고 주위 사람과 어울리지도 않아서 한가한 경우에는 몸이 아픈 것을 자주 느끼고, 거기에 모든 주의가 쏠리게 되면서 신체화를 보일 수 있다. 이유 없이 몸이 자꾸 아픈 주부가 병원을 찾을 때 의사는 운동을 하고 취미생활을 하면서 바쁘게 지내보라는 충고를 하기도 하는데, 그 처방도 일리가 있다. 다른 일에 주의가 가도록 해서 사소한 신체 증상에 사로잡히지 않게 하려는 것이다. 어린아이가 손가락을 조금 다쳤을 때 그것만 쳐다보고 있으면 굉장히 아프게 느끼지만 다른 재미있는 놀이를 하게 하면 아픔을 잊어버리는 것과 같은 이치다.

이와 정반대로, 자기 몸에 너무 주의를 기울이지 않는 것도 문제가 될 수 있다. 조기에 발견해야 치료가 가능한 질병인데 자기 몸에 신경을 너무 안 써서 병이 한참 진행된 후에야 발견했지만 그때는 이미 손을 쓸 수 없을 지경이 되어버리기도 한다. 결국 중요한 신체 증상이 나타날 때 그것을 무시해버리는 것도 불행한 결과를 가져올 수 있다_{그래서 정기적으}로 검진을 받아 보는 것이 중요하다.

자기의 신체에 주의를 기울일 때 거기서 오는 정보가 부정적이라면 신체적으로나 정신적으로 불편해진다. 그러나 신체 감각에 주의하는 것이 불편감을 항상 증가시키는 것은 아니다. 신체의 감각적 측면에 주의를 기울이라는 지시를 받고 의도적으로 자기 몸에 주의를 기울이면 신체 감각을 비교적 중성적으로 지각할 수 있다. 분만 시 자기의 신체 감각을 모니터하도록 했을 때 산모가 오히려 통증을 덜 느끼고 더 긍정적인 기분을 느꼈다는 연구도 있다. 마라톤을 할 때도 신체 감각을 체계적으로 모니터하면 신체 감각을 많이 보고하지만, 그것 때문에 불편감이 항상 커지지는 않는다.

여기서 알 수 있듯이, 신체 감각을 의도적으로 인식하느냐 자기 의도와 무관하게 인식하느냐 하는 것 간에는 중요한 심리적 차이가 있는 것 같다. 신체 감각을 의도적으로 모니터하는 것은 오히려 자기 신체를 스스로 통제할 수 있다는 느낌을 가져다줄 수도 있다. 따라서 필요할 때 자기 몸에 적절히 신경을 쓰면서 지나치게 주의를 기울이지 않는 것이 가장 바람직하다.

최근 연구에서는 신체화하는 사람이 신체 관련 정보에 더 많이 주의를 기울인다는 것을 실험을 통해 검증하기도 하였다 (박문규, 손정락, 2011). 또한 시각 탐침 과제를 사용해 만성 통증 환자의 주의 편향을 조사한 연구들을 종합적으로 메타분석 한 결과, 이들은 일반인에 비해 통증 관련 정보에 더 많은 주의 편향을 보였다(Schoth, Nunes, & Liossi, 2012). 그러나 신체에 주의를 기울이는 것만으로 모든 신체화를 다 설명하기는 역부족이다. 어떻게 주의를 기울이느냐에 따라서 신체화가 될 수도 있고 안 될 수도 있다. 자기 신체를 이해하는 것은 복잡한 여러 가지 과정을 거친다. 따라서 주의 과정만으로 신체화를 전부 이해하기는 어려우며, 신체적 정보가 개개인에게 어떤 의미를 지니는지를 파악해야 한다.

2) 건강에 대한 경직된 기준

'건강한 상태란 무엇인가?' 이 질문에 대한 대답은 다양하다. 어떤 사람은 사람이 건강하다면 몸이 한 군데라도 아프거나 불편해서는 안 된다고 생각한다. 또 어떤 사람은 가끔씩 컨디션이 나쁘더라도 큰 병이 없으면 건강한 것이라고 생각한다. 이렇게 건강에 대한 기본적인 믿음이 다르다. 이런 믿음은 우리가 몸 상태에 주의를 기울이거나 해석하는 데 커다란 영향을 준다.

건강염려증이 있는 사람이 건강에 대해 갖고 있는 믿음을 연구한 사례가 있다. 어떤 현상에 대한 개인적인 믿음을 인지도식이라고 하는데, 이는 우리가 당면하는 경험들을 받아들이고 해석하는 기본틀이다. 모든 경험은 이런 틀을 통과하기 때문에 똑같은 경험이라도 사람마다 그 의미를 다르게 느끼는 것이다. 건강에 대한 인지도식은 건강과 관련된 모든 정보를 해석하는 기본틀이다. 건강염려증이 있는 사람은 좋은 건강이란 신체 증상이 하나도 없어야 한다는 비합리적이고 비현실적인 기준을 갖고 있다. 이런 믿음을 갖고 있으면 누구에게나 일어나는 정상적인 신체 감각도 부정적으로 보인다. 예를 들어, 배 속에서 소리가 나는 것, 일시적으로 귀가 멍하고 울리는 것이명, 그리고 설사나 감기, 팔다리가 저리는 것 같은 사소한 증상이 있으면 건강하지 않다고 생각한다. 그래서 실제로 신체적인 병이 없는데도 몸이 아프다고 생각한다.

실험실의 연구결과, 건강염려증이 있는 사람은 많은 사람이 흔히 보이는 신체 증상을 더 이상 건강하지 않은 것으로 판단하였다. 하지만 실제로 거의 모든 사람이 사소한 신체 증상을 조금씩은 갖고 살아간다. 완벽한 건강이란 있을 수 없다. 치료가 필요한 질병은 적절하게 치료를 받아야 하지만, 사소한 증상을 모두 없애기 위해 애쓴다면 거기에 매달리느라고 정상적인 생활이 불가능할 것이다. 건강해지도록 노력하는 것도 중요하지만, 건강에 대해 유연한 믿음을 갖는 것도 필요하다.

건강에 대해 잘못된 믿음을 갖고 있으면 건강염려증이나 신체화에 걸리기 쉬운 이유를 좀 더 구체적으로 알아보자. 이런 믿음은 우리의 경험을 받아들이는 기본적인 틀이기 때문에 어디에 주의를 기울일 것인지에 영향을 주고, 무엇을 볼 것인지, 무엇을 더 잘 기억할 것인지, 어떻게 해석하고 판단할 것인지에도 영향을 준다. 건강에 대해 경직된 믿음을 갖고 있으면 사소한 신체 증상에 쉽게 주의를 기울일 수 있고, 또 그런 신체 증상을 더 심각하게 보기 쉽다. 그 외에도 자신의 몸에서 질병의 증거가 될 만한 것이 있는지를 계속 찾아보려 한다. 그러다 보면 이전에는 보이지 않던 새로운 증상을 발견하게 되고, 거기에 의미를 부여하게 된다. 그러면서 건강하다는 것을 나타내주는 정보를 무시하게 된다. 즉, 여러 가지 신체 감각이 동시에 있을 때 건강에 대한 자신의 인지도식에 부합하지 않는 것보다는 부합하는 신체 감각에 더 쉽게 주의를 기울이는 것이다.

실험실에서 연구한 예를 살펴보자. 연구자들은 실험에 참여한 사람들을 세 집단으로 나누고 초음파와 피부 온도의 상관관계를 언급했다_{실제로 초음파와 피부 온도는 상관이 없다}. 첫 번째 집단에는 초음파가 체온을 높일 것이라고 말해주고, 두 번째 집단에는 체온을 낮출 것이라고 말해주었으며, 세 번째 집단에는 초음파가 체온과 무관하다고 말해주었다. 그러고 나서 세 집단의 사람들에게 초음파를 들려주고 자신의 체온 변화를 탐지하게 하였다.

그 결과 실제 체온계로 측정한 체온은 세 집단이 다르지 않았지만 체온이 높아질 것이라는 정보를 들은 사람들은 체온이 높아졌다고 느꼈고, 반대로 체온이 내려갈 것이라고 들은 사람들은 체온이 낮아졌다고 느꼈다. 또 체온이 높아질 것이라고 들은 사람들은 따뜻한 체온에 주의를 더 많이 기울였다고 보고한 반면, 체온이 낮아질 것이라고 들은 사람들은 차가운 체온에 더 많은 주의를 기울였다고 보고하였다. 이 실험은 사람들이 자기 몸에서 스스로 기대했던 것과 부합하는 신체 감각 정보를 더 많이 받아들였음을 보여 준다.

앞의 실험은 인위적이고 일시적으로 인지도식을 만든 것이지만, 실험 상황이 아닌 일상생활에서도 사람은 자기만의 독특한 인지도식을 갖고 있어서 신체 감각을 받아들이는 방식에 영향을 준다. 즉, 정보 처리에 편향을 가져오고, 이런 편향 때문에 자신이 아프다는 것을 점점 더 확신하게 된다.

그러면 정보 처리의 편향은 왜 생기는가? 우리는 일상생활에서 엄청나게 많은 내적·외적 정보를 동시에 접한다. 이 모든 정보를 다 받아들이고 처리하기에는 우리의 지적 능력이 부족하기 때문에, 어떤 정보는 받아들이고 어떤 정보는 무시해야 한다. 이때 정보의 선택이 일어난다. 그렇다면 어떤 정보가 선택되고 어떤 정보가 무시되는가? 이것을 결정하는 것이 바로 인지도식이다. 즉, 인지도식에 맞추어서 정보를 여과하고 선택적으로 모니터한다. 이렇게 선택적으로 받아들인 정보는 다시 인지도식을 확증하는 데 사용된다(Barsky & Klerman, 1983).

일단 형성된 인지도식은 쉽게 변하지 않는다. 인지도식은 그 사람의 생애에서 오랫동안 유지되어온 것이기 때문에 그것이 잘못되거나 경직된 것일지라도 자신은 그것이 옳다고 생각한다. 이런 인지도식의 문제 때문에 신체에서 오는 여러 가지 정보 중 질병과 관련되는 정보에 지나치게 주의를 기울이게 되고 이를 더 심각하게 해석할 수 있다. 그렇게 되면 실제로 병이 없는데도 아프다고 느끼기 쉽다.

3) 신체 증상의 증폭 지각

배 속에서 꼬르륵 소리가 날 때 '배가 고픈가 보다' 혹은 '속이 좀 안 좋구나' 라고 생각할 수 있다. 한편으로는 '배 속에서 큰일이 나고 있나 보다' 라고 느낄 수도 있다. 또 칼에 손가락을 조금 베였을 때, '피가 좀 난다'고 볼 수도 있고 '피가 엄청나게 나고 살이 많이 찢어졌다'고 볼 수도 있다. 전자의 경우라면 약을 바르고 반창고를 붙이는 정도로 사태를 해결하고 하던 일을 계속하게 될 것이다. 그러나 후자의 경우처럼 상태를 너무 심각하게 보면 '살이 안 붙어서 나중에 큰 고생을 하게 되지 않을까?' 하는 걱정으로 이어질 수 있고, 계속해서 손가락에 신경을 쓰게 될 것이다. 손가락을 계속 들여다보고 있으면 따갑고 아픈 느낌이 점점 커지면서 한참 혹은 며칠 동안 다른 일을 제대로 하지 못하고 손가락에 사로잡혀 지내게 될 것이다.

이처럼 신체 감각을 과장되게 증폭해서 받아들이면 신체화와 건강염려증이 생길 수 있다(원호택, 신현균, 1998a). 이렇게 되면 자기 신체에 대해 지나치게 걱정하게 되고, 미약한 신체 감각에 선택적으로 주의를 집중하게 된다. 따라서 현 상태를 더욱 고통스럽게 느끼게 된다. 여기에는 심리적인 이유가 개입한다. 실제로 객관적인 신체 문제와 주관적으로 느끼는 통증은 큰 관계가 없는 경우가 많다. 그보다는 신체 증상을 실제보다 심각하게 보는 것이 통증을 크게 느끼도록 만든다. 그래서 통증을 느끼는 정도에 개인차가 나타난다. 극단적인 예로 요가 기인들 중에는 뺨에 큰 바늘을 관통시켜도 통증을 느끼지 않는 사람도 있다.

🔑 신체 감각 증폭 척도

다음의 10가지 질문에 대해 전혀 그렇지 않으면 0점, 약간 그러면 1점, 어느 정도 그러면 2점, 상당히 그러면 3점, 매우 그러면 4점으로 점수를 매긴다.

1. 누군가가 기침을 하면 나도 기침을 하게
   된다.   0 1 2 3 4
2. 나는 공기 중에 있는 담배연기, 스모그,
   공해를 견딜 수 없다.   0 1 2 3 4
3. 내 몸속에서 일어나는 여러 가지 일들을
   종종 알 수 있다.   0 1 2 3 4
4. 몸에 멍이 들면 오랫동안 내 눈에 보인다.   0 1 2 3 4
5. 갑자기 커다란 소리가 들리면 신경에 너
   무 거슬린다.   0 1 2 3 4
6. 내 맥박이나 심장박동 소리를 때때로 들
   을 수 있다.   0 1 2 3 4
7. 나는 너무 덥거나 너무 추운 것을 아주 싫
   어한다.   0 1 2 3 4
8. 배가 고플 때 위장이 수축하는 것을 재빨
   리 안다.   0 1 2 3 4
9. 벌레에 물리거나 가시에 찔리는 것 같은
   사소한 일들에 신경이 몹시 쓰인다.   0 1 2 3 4
10. 나는 통증을 잘 참지 못한다.   0 1 2 3 4

26점 이하: 정상
27~32점: 신체 감각을 다소 과장하는 경향
33점 이상: 신체 감각을 지나치게 심각하게 봄

출처: 원호택, 신현균(1998b).

신체 감각 증폭 척도를 통해 자신이 신체 감각을 얼마나 확대해서 받아들이는지를 평가해볼 수 있다(원호택, 신현균, 1998b; Barsky, Wyshak, & Klerman, 1990).

4) 원인 귀인과 신체화

대부분의 사람은 가끔씩 배 안에서 소리가 나고, 때때로 귀가 멍멍하며, 잠시 배가 아프기도 하고, 팔다리가 저릴 때도 있다. 이처럼 일반인도 사소한 신체 증상을 많이 느낀다. 그렇지만 그것 때문에 치료를 받아야 한다고 생각하는 경우는 그리 많지 않다. 사람들이 신체 증상을 느낀 후에 어떻게 반응하는지를 이해하려면 그 신체 증상에 어떤 의미를 부여하는지 알아야 한다. 사람들은 신체 증상에 단순하게 반응하는 것이 아니라 그 증상의 본질이 무엇일까, 왜 생겼을까를 생각한 후에 반응한다.

일반인을 대상으로 한 설문조사 연구는 신체 증상의 속성

을 어떻게 보는지와 어떤 치료 행동을 보이는지 간에 밀접한
관계가 있음을 보여주었다. 예를 들어, 신체 증상이 바이러스
에 의한 것이라고 생각하면 집에서 스스로 치료를 하는 경우
가 많다. 왜냐하면 감기 같은 바이러스 증상은 시간이 지나면
낫는다고 믿기 때문이다. 그러나 신체 증상의 원인이 심장마
비나 고혈압 같은 심각한 신체적 원인에 있다고 생각할 때는
전문의의 도움을 요청하게 된다.

어떤 일이 일어났을 때 그 일의 원인이 무엇인지 찾으려는
현상을 설명하는 이론이 귀인 이론이다. 귀인 이론에 따르면
사람은 자신이 경험하는 일의 원인을 상황적 원인환경 또는 외부
조건이나 자기 자신의 내부적 원인성격특성 또는 능력에서 찾는다.
만약 어떤 일이 상황적 원인과 관련이 없다면 개인의 특성에
서 원인을 찾게 된다. 우리가 신체 증상을 느낄 때도 이 원리
가 적용될 수 있다. 즉, 신체 증상은 나쁜 환경, 과로로 나타나
는 피로, 수면부족 등과 같은 일시적이고 상황적인 원인에 귀
인될 수 있다. 이렇게 상황에 귀인하게 되면 그 신체 증상은
별로 심각하게 여겨지지 않는다. 그런데 신체 증상을 상황적
원인에 귀인하지 않을 때는 신체 질병, 지나친 걱정이나 스트
레스, 신체허약 등의 내부 원인으로 귀인하게 된다.

사람이 흔히 경험하는 신체 증상의 원인을 어디에 귀인하
는가 하는 것이 신체화와 관련된다. 예를 들어, 가슴에 통증을

느끼거나 근육이 긴장할 때 이런 신체 증상의 원인을 일시적
으로 과로해서 생긴 것이라고 생각한다면 휴식을 취하면 괜찮
아질 것이라고 가볍게 넘길 것이다. 만약 이런 증상이 스트레
스나 걱정이 많아서 생겼다고 생각하는 사람은 마음을 편하게
먹도록 애쓸 것이다. 그런데 그것이 심장마비의 신호라고 생
각하는 사람은 똑같은 증상이라도 매우 심각하게 느낄 것이
다. 일단 이렇게 귀인을 하면 그 생각에 부합하는 부가적인 신
체 증상을 찾으려 한다. 자신이 정말 심장마비인지를 확인하
기 위해서다. 그렇게 되면 전에는 보이지 않았던 사소한 신체
증상들이 눈에 띄기 시작하고, 정말 몸이 많이 아픈 것처럼 느
끼게 된다.

이처럼 누구에게나 가끔씩 일어나는 신체 감각이나 증상을
심각한 질병에서 오는 것으로 잘못 귀인하면 신체화가 생길
수 있다. 즉, 대부분의 사람이 피로, 나이 또는 정상적인 신체
과정으로 귀인하는 신체 감각을 무시하지 못하는 데서 신체화
가 생긴다. 신현균(1998a)의 연구는 신체화를 보이는 사람이
그렇지 않은 사람에 비해 사소한 신체 증상을 더 부정적으로
편향되게 해석함을 보여준다. 또한 그들은 사소한 신체 증상
과 질병을 쉽게 관련지어 생각하였다(원호택, 신현균, 정희연,
1998). 흔히 나타나는 신체 증상을 어디에 귀인하는지는 〈증
상 해석 질문지〉를 통해 알아볼 수 있다. ❖

🔑 증상 해석 질문지 (일부)

다음의 상황들을 당신이 직접 경험하고 있다고 가정하고, 당신의 상태를 잘 설명한다고 생각되는 것을 고르십시오.

1. 만약 내 심장이 마구 뛴다면, 내 생각에 그 이유는
   ㄱ. 내가 힘을 많이 썼거나 커피를 너무 많이 마셔서 그럴 것이다.
   ㄴ. 흥분했거나 두려움을 느껴서 그럴 것이다.
   ㄷ. 심장에 무슨 문제가 있어서 그럴 것이다.

2. 만약 배탈이 난다면, 내 생각에 그 이유는
   ㄱ. 걱정을 많이 해서 배탈이 났을 것이다.
   ㄴ. 위장병에 걸렸거나 위에 탈이 나서 그럴 것이다.
   ㄷ. 나에게 안 맞는 음식을 먹어서 그럴 것이다.

3. 내가 식욕을 잃었다면, 내 생각에 그 이유는
   ㄱ. 너무 많이 먹었거나 전보다 양이 줄어서 그럴 것이다.
   ㄴ. 걱정이 너무 많아 입맛을 잃어서 그럴 것이다.
   ㄷ. 위장이나 장에 문제가 있어서 그럴 것이다.

4. 내가 숨이 차서 힘들다면, 내 생각에 그 이유는
   ㄱ. 폐에 염증이나 통증이 있거나, 심장의 문제로 인해 폐에 부담이 있어서 그럴 것이다.
   ㄴ. 방에 통풍이 안 되거나 대기 중에 공해가 심해서 그럴 것이다.
   ㄷ. 내가 지나치게 흥분했거나 불안해져서 그럴 것이다.

〈채점〉	상황1	상황2	상황3	상황4
신체 원인을 중요시 :	ㄷ	ㄴ	ㄷ	ㄱ
정서 원인을 중요시 :	ㄴ	ㄱ	ㄴ	ㄷ
상황 원인을 중요시 :	ㄱ	ㄷ	ㄱ	ㄴ

만약 신체 원인을 많이 선택했다면 사소한 신체 증상의 원인을 신체적인 이상에서 찾으려는 경향이 강하다는 것을 뜻한다.

출처: 원호택, 신현균(1998b).

4. 신체화가 지속되는 원인

앞에서 언급한 여러 가지 이유 때문에 신체화가 생길 수 있다. 일단 이런 신체화 경향이 생기면 자기 몸에 지나치게 신경을 쓰면서 계속 신체화를 나타낸다. 따라서 그것은 쉽게 없어지지 않고 만성화된다. 이처럼 신체화가 한 번 생기면 계속 지속되는 이유는 무엇일까?

1) 환자 역할을 함으로써 얻는 이득

한 번 몸이 아프다고 느끼면 그 이후에 계속해서 몸이 아픈 경우가 많다. 몸이 아프고 불편하다는 것은 당사자에게는 틀림없이 괴로운 일이다. 그런데 잘 살펴보면 몸이 아픈 대신에 다른 이득을 얻게 되는 경우가 많다. 간단한 예를 들어보자.

초등학생 순이는 내성적이고 수줍음을 많이 타는 아이다. 순이는 학교에 가면 다른 아이들과 쉽게 어울리지 못하고 외톨이로 지낸다. 그러다 보니 순이를 얕보고 괴롭히는 남자아이도 있다. 그래서 순이는 학교에 가는 것이 즐겁지가 않다. 집에 있으면 부모님이 귀여워해주고 편안함을 느낀다. 언제부터인지 순이는 아침에 등교할 시간이 되면 배가 아프거나 머리가 아플 때가 많아졌다. 순이가 아프다고 하면 부모님은 더 신경을 써주었고 학교에 가지 않아도 되었다. 순이는 몸이 아프면 학교에 가지 않아도 된다는 이점이 있다는 것을 무의식적으로 터득하였다.

이런 경향이 굳어지면 힘든 일이 있을 때마다 몸이 아프게 느껴져서 그 일을 피하게 된다. 이는 어른에게도 적용된다. 몸이 아프면 평소에 무관심하던 주변 사람들의 관심과 애정을 더 많이 받을 수 있고, 해야 할 일을 안 해도 용납이 된다. 이것이 바로 '이차적인 이득'이다. 몸이 아픈 것은 괴롭지만 그것을 통해 다른 이득을 얻는다는 뜻이다. 그렇다면 그것은 꾀병이 아닐까?

꾀병과 신체화는 다르다. 꾀병은 자기가 실제로 아프다고 느끼지는 않지만 의도적으로 특정한 목적을 위해 병을 가장하는 것이다. 숙제를 하지 않은 아이가 배가 아프지도 않으면서 아프다고 해서 학교를 가지 않는 경우는 꾀병에 해당한다. 어른의 경우, 몸 상태가 좋지 않다는 핑계를 대고 가기 싫은 모임에 빠지는 것도 꾀병이다. 여기에는 의도적인 거짓말이 개입하며, 꾀병이라는 것을 쉽게 알 수 있다.

이에 비해 신체화는 훨씬 더 미묘하고 복잡한 심리가 관여한다. 신체화하는 사람은 정말로 자신이 아프다고 느낀다. 일부러 아픈 척하는 것이 아니라는 뜻이다. 또 몸이 아파서 얻는 이득이 뚜렷하지 않은 경우가 많다. 그런 이득이 있다고 하더라도 다른 사람들 눈에 쉽게 띄는 것이 아닐 수도 있다. 이처럼 자신도 알지 못하는 심리적인 목적이나 개인적인 이득이 무의식적으로 작용하기 때문에 신체화가 나타날 수 있다. 신체화의 무의식적인 목적으로 대표적인 것은 다음과 같다.

첫째, 앞의 예처럼 불쾌한 감정을 신체 증상으로 대치하는 것이다. 우리는 슬프거나 화가 날 때 이것을 쉽게 말로 나타내지 못한다. 속이 많이 상할 때 '몸져눕는다'는 표현을 사용한다. 몹시 화가 날 때 가슴이 꽉 막히는 느낌이 들기도 한다. 이는 감정을 신체로 나타내는 것이다.

둘째, 신체 증상을 통해 다른 사람들에게 자기가 괴롭고 고통스럽다는 것을 전달할 수 있다. 심리적으로 괴로울 때 "내 마음이 괴롭다"라고 말하는 것보다 아무 말 없이 몸져눕는 것이 다른 사람들에게 그 고통을 더 잘 알 수 있게 한다. 이 경우 환자 역할을 하는 것이 다른 사람들에게 수용되기 때문에 신체화가 유지될 수 있다.

셋째, 신체화는 스스로를 처벌한다는 의미가 있다. 부모가 아이를 호되게 야단치고 난 뒤에 몸이 무거워지는 것처럼, 누군가에게 잘못하거나 상처를 주고 난 후에 자기 몸이 아픈 경우가 여기에 해당한다. 이럴 때 상대방에게 자기의 잘못을 사과하기도 쉽지 않아서 스스로가 자신을 처벌하는 것으로 대신하기 때문에 몸이 아프다는 것이다. 이는 무의식적으로 일어나는 심리 현상이어서 자기 자신은 그 의미를 모르는 경우가 많다.

신체화의 이면에 깔려 있는 이런 무의식적인 목적 이외에 신체화를 통해 얻을 수 있는 개인적인 이득에는 어떤 것이 있을까?

첫 번째로, 몸이 아픔으로써 다른 사람의 마음을 움직여 자기 뜻을 이루는 것이다. 예를 들어, 많은 남편이 평소에 아내가 요구하는 것을 무관심하게 흘려버리다가 아내가 몸이 아프면 관심을 갖고 잘해주려고 한다. 그리고 마음이 약해져서 자기 고집을 꺾고 아내의 의견을 따르기도 한다. 이렇게 자기의 뜻을 관철시키는 데 몸이 아픈 것을 이용할 수 있다.

두 번째로, 의무와 책임에서 해방되는 것도 신체화를 지속하게 만든다. 해야 할 일이 지나치게 많은 경우나 책임이 무거운 일을 하는 경우에 나타나는 신체화는 이것으로 설명이 가능하다. 그들은 몸이 아프지 않는 한 의무와 책임에서 벗어날 수 없다. 직장인뿐 아니라 주부도 매일같이 집안일이 그칠 날이 없다. 그러나 어쩌다가 몸이 아프면 식구가 집안일을 도와주어 그날만은 식사 준비나 청소에서 해방될 수 있다.

세 번째로, 신체 증상을 통해 경제적 이득을 얻는 경우도 있다. 사고로 인해 피해를 당했을 때 보상금을 더 많이 타내기 위해 자신도 모르게 신체화를 나타낼 수 있다. 다른 사람의 잘못으로 자신이 피해를 입은 경우에 대부분의 사람은 보상을 충분히 받아야 한다고 생각한다. 그래서 의도적으로 혹은 무의식적으로 실제의 피해 이상으로 신체 증상을 과장되게 호소하기 쉽다. 극단적인 예는 자동차에 살짝 부딪쳐서 별로 다치지도 않은 사람이 온몸이 안 아픈 데가 없다고 느끼는 경우를 들 수 있다. 이는 몸이 더 많이 다치고 더 많이 아플수록 더 많은 보상이 주어지므로 생기는 것이다. 그래서 보상금이 걸려 있는 장애는 그 정도를 정확히 판정하기가 매우 어렵다.

네 번째로, 다른 사람의 동정과 관심을 얻는 것도 신체화를 지속하게 만드는 데 매우 중요한 역할을 한다. 평소에 다른 사람의 관심을 거의 받지 못하고 사는 사람이라도 몸이 아프면 주변 사람들이 맛있는 것도 사다 주고 관심도 많이 쏟는다. 특히 의존적인 성격의 사람은 다른 사람이 관심을 많이 보여주

기를 원한다. 그래서 몸이 아픈 것으로 주위 사람들의 관심과
애정을 가끔씩 확인하기도 한다.

이런 여러 가지 이득이 있을 때 신체화가 지속될 수 있으
며, 나중에는 이것이 습관적인 행동양식이 되어서 벗어나기
가 더욱 어렵다. 또 이런 이득이 작용한다는 사실에 대해 대개
는 자신이나 주변 사람들이 잘 모르기 때문에 이런 행동양식
이 해결되지 못하고 지속되기 쉽다.

2) 신체화를 촉진하는 가정 분위기

신체화는 가정 분위기와 관련될 수 있다. 아동기의 발달 과
정에서 아이들은 가끔씩 몸이 아플 때가 있다. 이때 부모가 대
처하는 방식이 아이들로 하여금 신체화를 자주 하게 만들 수
있다. 예를 들어, 조금만 아파도 병원에 자주 데리고 가고 질
병에 대해 지나치게 염려하는 부모 밑에서 성장한 아이들은
신체 상태에 지나치게 주의를 많이 기울이고 사소한 신체 증
상도 심각하게 받아들이게 된다. 또 가족 중에 만성적인 질병
을 가진 사람이 있을 경우에도 신체 상태에 지나치게 신경을
쓰게 된다.

이처럼 건강이나 질병에 대한 가족의 견해, 건강을 추구하
는 가정의 규범 등이 신체 증상을 경험하는 방식에 영향을 준

다. 이런 여러 가지 가정 분위기를 통해 어려서부터 신체 증상을 더 잘 자각하고, 이를 통해 다른 사람의 관심이나 지지를 얻어내는 방식을 배울 수 있다. 이처럼 아동기의 경험은 건강에 대한 부모의 태도나 건강을 추구하는 행동 등을 모방하도록 함으로써 신체화에 영향을 준다. 부모가 신체화를 보이는 환경에서 자란 사람은 나중에 자기 역시 신체화를 보이기가 쉽다.

또 다른 중요한 가족 특성으로, 부모가 자기 감정을 잘 알고 효과적으로 처리하는 능력이 부족한 경우가 있다. 즉, 자기가 어떤 감정을 갖고 있는지 잘 알지 못하는 경우 혹은 감정이나 심리적인 갈등에 대해 말하는 것이 금지되어 있는 가정에서 성장한 경우에 감정 표현 불능증을 유발할 수 있다. 부모의 감정 표현이 효과적이지 않으면 자녀도 그런 방식을 그대로 배우게 되기 때문이다. 감정 표현 불능증이 어떻게 신체화와 관련되는지는 앞에서 설명하였다. 가족 구성원의 감정 표현이 자연스럽게 이루어지지 못하고 억압된 가정에서는 심리적 문제나 갈등, 감정적 고통이 신체 증상으로 나타날 수 있다. 이처럼 정서적 불편감을 신체적으로 표현하는 것이 직접적으로 표현하는 것보다 타인에게 덜 위협적일 수 있으므로 자칫 습관으로 굳을 수 있다.

한편, 가족의 역기능이 많을 때 신체 증상은 더 악화된다.

아동기의 스트레스, 예를 들어 부모의 불화나 알코올 중독 또는 어린 시절에 받은 학대의 경험이나 불안정 애착, 양육방식 등이 성인기의 신체화와 관련될 수 있다(김용희, 2006; 정계숙, 2009). 이처럼 가족 내의 심리적 갈등과 습관적 감정 표현 방식 등이 신체 증상을 경험하는 데 영향을 준다.

대학생을 대상으로 감정 표현 불능증과 가정환경의 관계를 조사한 연구를 보면 아동기 때 가족의 감정 표현이 적었던 것과 성인기의 감정 표현 불능증 사이에 관련이 있었다. 또한 어릴 때 정서적으로 안정되지 못하고 가족 구성원 간에 긍정적인 의사소통이 적었던 것도 감정 표현 불능증과 상관이 있었다. 이 결과는 감정 표현 불능증이 유아기나 아동기의 가정환경과 관련되어 생긴다는 것을 보여준다. 즉, 가족 구성원이 자신의 감정을 자유롭게 표현하도록 허용하지 않았거나 정서적으로 불안정한 환경에서 성장했을 경우에 감정 표현 불능증이 생길 위험이 커진다. 대개 양육자가 자기 감정을 잘 인식하지 못하거나 미숙한 감정 표현을 보이는 가정환경에서 성장한 사람이 자기 감정을 쉽게 억압해 신체화를 보일 수 있다.

3) 신체화를 조장하는 문화

신체화는 개인의 심리적인 측면에서뿐만 아니라 사회문화

적인 측면에서도 차이가 나타난다(신현균, 1998b). 한국, 중국, 인도, 이라크, 사우디아라비아, 나이지리아, 에티오피아, 케냐 등에서 신체화 비율이 높은데, 특히 동양 문화에서 신체화 현상이 더 많이 나타난다는 연구결과도 있다(Mumford, 1993). 그 이유가 무엇일까?

먼저, 심리적인 문제를 가진 사람을 이상한 사람으로 낙인찍는 풍조가 만연한 곳에서는 심리적인 문제를 직접 드러내지 않고 신체 증상으로 표현한다. 예를 들어, 인도에서는 정서적 괴로움을 표현하는 것을 좋지 않게 생각한다. 이런 문화에서는 신체화 경향을 쉽게 발견할 수 있다. 많은 문화에서 정서적 고통이나 가족 구성원 간의 갈등 같은 심리사회적 문제가 신체 증상의 호소를 통해 표현된다. 중국인도 우울증을 쉽게 신체 용어로 표현한다. 중국 본토에서는 우울증이라고 진단받는 경우가 흔치 않다. 그것은 중국 내 우울증 환자가 적어서라기보다는 심리적인 문제를 직접적으로 잘 드러내지 않기 때문이다. 그 이유는 중국 문화에서 심리적인 문제를 가진 사람에게 낙인찍는 것과 관련된다. 중국에서는 자기의 감정이나 자기의 도덕적인 측면을 잘 다스릴 수 있어야 한다고 생각한다. 또 사람들 사이에 갈등이 생기면 그것을 적극적으로 해결하려고 하기보다는 갈등 자체를 부정하고 참음으로써 가족 구성원 간의 화목을 유지하려고 노력한다(Tung, 1994).

그렇다면 감정을 표현하는 방식이 문화 간에 차이가 있을
까? 감정을 나타내는 데도 규칙이나 규범이 있고, 감정 표현
을 억제하는 정도가 문화에 따라 다르다는 연구는 많이 있다.
많은 동아시아 문화에서는 정서를 개방적으로 표현하는 것을
바람직하게 여기지 않는다. 중국에서는 감정을 표현하는 것
이 나약함을 나타내며, 또한 사회적 조화를 깨뜨리는 행위로
간주된다. 따라서 어릴 때부터 감정 표현을 최대한 억제하도
록 가르친다(Tung, 1994). 이는 그 사회에 적응하고 살아가기
위해서 필요한 것이다.

이처럼 감정을 억제하는 것은 유교의 전통에서 그 뿌리를
찾을 수 있다. 유교에서는 부모와 어른을 공경하고, 그들에게
복종하며, 친밀한 가족관계를 맺는 것을 바람직한 미덕으로
본다. 또한 권위에 복종하고 자기주장을 하지 않는 것이 유교
윤리다. 즉, 인내와 자기통제가 중시된다. 따라서 이런 분위
기에서 양육되면 높은 지위의 사람에게 자신의 적개심이나 분
노감 등의 진짜 감정을 내보이지 않는 방법을 배운다.

중동의 아프가니스탄 사람은 '강한 손이 심장을 쥐어짜는
듯한' 감각을 경험한다고 한다. 사우디아라비아의 여성도 심
장의 불편감을 자주 호소하는데, 이는 이슬람 사회에서 여성
이 심리사회적 고통을 표현할 기회가 제한되어 있는 것과 관
련이 있을 수 있다. 개인적인 일이나 가족의 일을 외부인에게

말하는 것을 부적절하거나 수치스럽게 여기는 문화에서 자란 사람은 자기 감정을 말하기를 꺼릴 것이다(Kirmayer, 1984). 이런 문화에서는 신체화가 많이 나타날 수 있다.

특정한 문화에서 사용하는 언어에서도 감정 표현의 규칙과 신체 증상의 의미를 알 수 있다. 일본 사회에서 '가만我慢'이라는 용어는 감정을 억제하고 근엄한 표정을 유지하는 것을 뜻한다. 압박감, 두통, 피로, 현기증 등의 증상으로 특징지을 수 있는 일본 문화의 '신케이시츠神經衰弱'는 신경쇠약을 일본식으로 나타낸 것이다. 그리고 '푸테이슈소拂底愁訴'라는 말은 두통, 냉감, 어깨가 뻣뻣함을 포함한 여러 가지 신체 증상을 호소하는 경향을 일컫는다. 이는 자기가 맡은 역할에 대한 부담과 가족 구성원 간의 긴장으로 생긴 자율신경계의 불균형 때문에 나타나는 것으로 이해할 수 있다(신현균, 1998b; Kawanishi, 1992).

그렇다면 한국 문화는 어떤가? 권석만(1996)은 한국 문화와 한국인의 특성과 관련해서 신체화를 설명하였다. 한국 문화는 감정의 표현을 자제하는 문화다. 따라서 직접적인 감정 표출을 억제하도록 요구하며, 우회적이고 간접적인 방식으로 표현하게 한다. 또한 한국 문화는 의사소통의 많은 부분이 비언어적인 방식에 의해 이루어지는 비언어적 또는 음성적 문화라고 볼 수 있다. 그래서 눈치를 살피고, 상대방이 말하지 않

아도 알아서 해야 잘 적응할 수 있다. 그리고 불쾌한 감정을
겉으로 드러내서는 안 된다. 그러다 보니 많은 감정이 적극적
으로 해결되지 못하고 누적된다.

또 다른 한국 문화의 특징 중에는 위계질서를 강조하고 인
간관계를 중요시하는 집단주의 경향이 있다. 이런 경향 때문
에 대인관계에서 많은 스트레스와 갈등을 겪기 쉽다. 연장자
나 부모, 직장 상사, 남성 등은 젊은이, 부하, 자녀 및 여성에
게 부당한 요구를 일방적으로 강요하고, 이에 대해 아랫사람
이나 여성이 불만을 직선적으로 노출하거나 반항하는 것은 용
납하지 않는다. 이런 관계에서 아랫사람이나 여성은 억울함,
분노, 불만감, 복수심, 좌절감 등을 느끼지만 자기 감정을 표
출하는 것이 인간관계에서 나쁜 결과를 가져올 것이라고 생각
하기 때문에 이를 속으로 삭이게 된다. 이렇게 감정을 억제하
는 사람의 경우 '한'이 많아진다. 그리고 억제된 감정이 해소
되거나 승화되지 못하면 여러 가지 심리장애를 일으킨다.

한국인이 이렇게 누적된 부정적인 감정을 표출하는 주요
통로 중의 하나가 신체화 증상을 통한 표현이다. 한국인은 심
리적인 문제를 쉽사리 신체적인 문제로 바꾸어 표현한다. 예
를 들어, 일이 잘 풀리지 않을 때 '머리 아프다' '열받는다'고
하고, 아니꼬운 감정이 들 때 '속 쓰리다' '속이 뒤틀린다'고
말한다. 슬플 때도 '가슴이 아프다'는 표현을 한다. 이처럼 신

체적 문제를 나타내는 언어를 통해 부정적인 감정을 대리 표
현하는 경우가 많다. 이와 같은 한국 문화의 여러 가지 특징과
우리 민족이 겪어왔던 많은 고통, 그리고 현재의 경제 위기와
사회부조리 등 한국인은 신체화를 보일 가능성이 매우 높은
환경에서 살고 있다고 해도 과언이 아니다. 앞에서 언급한 화
병은 한국 문화에서 특유하게 나타나는 신체화의 한 형태다
(신현균, 1998b).

신체 증상은 한국 사회에서 수용되며, 많은 책임과 과업으

 신체화는 모든 문화에서 나타나는 보편적인 현상

신체화가 아시아에서만 많이 나타나는가?

아시아 사람들에게서 신체화가 더 많이 나타난다는 견해는
다음의 2가지 이유로 도전받기도 한다. 첫째, 비아시아 문화에
서도 신체화는 흔히 나타난다. 둘째, 신체화가 감정 표현의 억
제하고만 관련되는 것은 아니다. 또 감정 표현을 직접적으로
하지 못하는 경향이 아시아에서만 특징적으로 나타나는 현상
은 아니다.

14개국 5천여 명의 환자를 대상으로 연구한 결과, 세계 모
든 지역에서 심리적 고통은 신체 증상과 관련되어 있었다. 따
라서 심리적 고통을 신체로 표현하는 것은 문화에 따라 정도
의 차이는 있지만 범문화적인 현상인 것 같다.

출처: 신현균(1998b).

로부터 면죄부를 주는 역할을 한다. 그뿐 아니라 신체 증상으로 인해 자신이 해야 할 일을 회피하고 주변 사람들에게 그 일을 전가해 힘들게 만듦으로써 다른 사람을 은근히 괴롭혀 복수하는 효과도 지닌다. 김명정과 김광일(1984)은 우리나라에서 흔히 보이는 신체화의 의미를 "분노, 공격성, 죄책감 같은 감정을 신체를 통해 나타내는 신체화는 우리 사회에서 용납되는 의사소통 방식이다. 즉, 신체적인 고통을 통해 자신의 욕구와 괴로운 감정을 다른 사람에게 전달하는 것이다. 이것은 힘든 역할이나 책임으로부터 회피할 수 있도록 도와준다"고 설명하였다. ◆

5. 신체화의 복합적인 원인

앞에서 살펴본 것처럼 신체화에는 복합적인 원인이 작용하고, 신체화를 지속시키는 데도 여러 가지 이유가 있다. 생물학적 취약성통증에 대한 민감성 등, 초기 외상 경험폭력, 학대, 결핍 등, 학습과 사회문화적 규범 등 여러 요인의 상호작용에 따라 증상의 다양성을 결정할 수 있다(APA, 2013). 구체적으로는 우울이나 불안 등의 부정적 정서, 병에 대한 지나친 염려나 공포, 질병에 대한 잘못된 믿음, 신체 증상을 확대해석하는 것, 아동기의 경험, 감정 표현의 곤란, 문화 특성 등이 상호작용한 결과로 신체화가 나타난다(Warwick & Salkovskis, 1990; Watson & Clark, 1984; Watson & Pennebaker, 1989). 신현균(2000)은 부정적 정서와 감정 표현 불능증이 신체화의 취약 요인으로 작용하고, 이런 취약성이 신체 감각 증폭 지각과 신체적 귀인 등의 인지 과정의 매개를 통해 신체화에 영향을 준다는 것을 대학생과 정신과 환자를 통해서 검증하였다.

일시적인 스트레스도 신체화에 나쁜 영향을 줄 수 있는데, 원래 신체화 경향을 가진 사람의 경우 악영향을 더 많이 받는다. 슬픈 기분 상태를 유도한 실험 결과, 신체화 집단이 일반 집단에 비해 신체 감각 증폭 지각과 신체적 귀인을 더 많이 하고, 신체화 증상도 더 많이 호소하였다(신현균, 2006). 이는 신체화 성향을 가진 사람이 부정적 사건을 겪으면 증상이 악화된다는 것을 뜻한다. 성인뿐 아니라 청소년의 경우에도 스트레스가 많으면 신체 감각을 증폭해 지각하고 신체적 귀인을 하게 함으로써 신체화 증상을 경험하게 된다(김서윤, 하은혜, 2009).

또한 가족갈등을 포함한 연구결과에서 중·고등학생의 신체화를 가장 잘 설명하는 요인은 부정적 정서였고, 아버지의 비일관적이거나 방치하는 양육, 어머니의 학대, 학업 스트레스, 감정 표현 불능증 등도 중요한 요인이었다(신현균, 2002).

만성적으로 신체 증상을 나타내는 경우에는 그 자체가 엄청난 스트레스이고 오랫동안 의식하지 못한 갈등이나 부정적 정서 등이 관련되기 때문에 현재의 스트레스를 인식하기 어려울 때가 많다. 일단 신체화를 보이기 시작하면 여러 요인이 신체화를 지속하게 만든다. 즉, 환자 역할을 통해 이득을 얻는 것이 습관화될 수도 있다. 따라서 가족과 의사가 신체화에 어

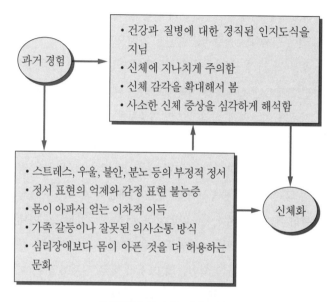

〈신체화를 설명하는 통합 모델〉

떻게 반응하는지도 신체화를 악화시키는 데 영향을 준다. 이처럼 복잡한 과정을 그림으로 나타내보면 위와 같다.

이 설명 모델의 관점을 통해 맨 앞 장에서 예로 든 주부 이씨를 분석해보자. 이 씨는 몸 상태가 좋지 않으면 미리 병원에 입원하고 자주 병원을 찾아다니는 등 건강에 지나치게 주의를 기울이고 심각하게 생각하면서 집착한다. 또 남편과 시댁 식구와의 갈등으로 오랫동안 스트레스를 받았다. 이로 인한 억

울하고 분한 감정을 표현하거나 다른 방식으로 해소하지 못해
서 결국 신체화에 시달리는 결과를 가져오고 만 것이다.

주부 박 씨의 경우는 신체화를 통해 얻는 이차적 이득으로
자신도 모르게 신체화를 지속하고 있는 예다. 박 씨는 자상한
남편에게 지나치게 심리적으로 의존하는 경향이 있다. 이는
박 씨가 어렸을 때 그런 욕구가 충족되지 못했기에 어른이 되
어서 누군가에게 의존하려 하기 때문이다. 다행히 남편은 박
씨의 그런 욕구를 충족시켜 줄 만큼 이해심이 넓고 아내를 사
랑한다. 특히 박 씨가 아프면 남편은 더욱 지극정성으로 아내
를 보살폈다. 박 씨는 남편의 사랑을 더 많이 받는 방법을 무
의식적으로 터득하게 되었는데 그것이 바로 신체화였다. 이
경우 주변 사람들은 박 씨의 신체화가 지속되도록 도와주고
있는데 정작 당사자들은 그 사실을 모르고 있다.

신체화를 유발하고 지속시키며 악화시키는 이유를 이해하
는 것은 신체화 치료에 중요한 함의를 갖는다. 다만 겉으로 나
타나는 증상은 비슷해도 그 원인은 사람마다 다를 수가 있다
는 것을 유념해야 한다. 대개는 여러 가지 이유가 복합적으로
얽혀 있지만, 어떤 사람은 건강에 대해 경직된 믿음을 갖고 있
는 것이 가장 큰 문제가 될 수 있고, 또 어떤 사람은 부정적인
정서나 정서 억압이 더 주된 문제일 수 있다.

또 다른 경우는 환자 역할을 통해 이차적인 이득을 얻는 것

이 신체화의 주된 원인일 수도 있다. 따라서 개인마다 다른 신체화의 원인과 지속 요인을 정확히 파악해야 좋은 치료 성과를 기대할 수 있다. ◆

신체화를 어떻게
치료할 것인가

3

1. 심리적인 문제의 해결

앞에서 우울감, 죄책감, 불안, 분노, 적개심, 갈등 등의 심리 문제가 신체화를 일으킬 수 있다는 것을 알아보았다. 따라서 이런 심리 문제를 자각하고 적극적으로 해결하면 신체화를 예방하고 치료할 수 있다.

1) 우울증 극복하기

앞서 신체화의 원인에 대해 알아보았듯이, 부정적인 정서와 신체화는 밀접하게 관련되어 있다. 사람들은 우울해지면 매사를 부정적으로 보게 된다. 그래서 사소한 일도 비관적으로 보고 자기만 불행하다고 느끼기 쉽다. 신체 증상에 대해서도 마찬가지로, 사소한 일도 심각하게 볼 수 있다. 이처럼 우울해지면 생각하는 것도 비관적이 되고, 만사가 귀찮아져서 몸을 별로 움직이지 않게 된다. 그러다 보면 운동 부족으로 몸의 기능이 떨어지고 컨디션도 나빠진다. 밤에 잠도 잘 못 자게 되고, 그러면 다음날 컨디션이 더 나빠지는 악순환이 계속된다.

따라서 자신이 우울증이 있는 것은 아닌지를 먼저 살펴야 한다. 자신의 신체 증상이 우울증과 관련되어 있다면 우울증에서 벗어나는 것이 급선무다. 우울증은 심리적인 감기라고 할 정도로, 평생을 살면서 한때 우울감으로 힘들어하지 않은 사람은 별로 없을 것이다. 그렇지만 그 정도가 너무 심각하거나 오래 지속될 때는 가볍게 보아서는 안 된다. 마치 감기를 우습게 알았다가 폐렴으로 악화되어 고생하는 것에 비유할 수 있다. 만약 자신의 신체 증상이 우울증 이후부터 생긴 것이라면, 이때는 신체 증상에 사로잡혀 있을 것이 아니라 우울증을 극복하는 여러 가지 방법을 시도해보아야 한다. 우울증을 이겨내는 다양한 방법을 알려주는 책이 많이 나와 있기 때문에, 여기서는 간략하게만 짚고 넘어가겠다.

(1) 우울증을 일으키는 사고방식을 새롭게 바꾼다

사람들은 슬픈 일을 겪거나 안 좋은 일이 있기 때문에 우울증에 빠진다고 생각한다. 그러나 그것은 사실이 아니다. 똑같은 슬픈 일을 겪어도 어떤 사람은 우울증에 빠지고 어떤 사람은 금방 그것을 극복한다. 예를 들어, 똑같이 사업에 실패해서 무일푼이 되었다고 해도 실의에 빠져서 평생을 보내는 사람이 있는가 하면 다시 시작해서 일어서는 사람도 있다. 그렇다면 이 차이는 어디에서 오는 것일까?

현재의 어려운 상황을 어떻게 보는가에 따라 이런 차이가 나타난다. 지금 상황이 아무리 고통스러워도 극복할 수 있다는 희망을 갖고 있다면 힘들지만 용기를 내어 앞날을 개척할 것이다. 그러나 지금 상황이 나쁘니까 앞으로도 그럴 것이라고 생각한다면 그 사람은 아무것도 열심히 하지 않을 것이고, 그러다 보면 정말 좋은 일이 다시는 생기지 않을 것이다. 아무리 현재 상황이 나빠도 부정적이고 비관적으로만 보지 않는다면 희망은 있다.

나치 강제 수용소라는 극한 상황에 놓였을 때 다른 사람들은 절망에 빠져서 스스로를 더 고통스럽게 만들거나 타인을 괴롭혔지만, 한 유대인 심리학자는 그 안에서도 삶의 의미를 발견하고 나중에 자신이 해야 할 일을 생각하면서 이겨냈다. 그뿐 아니라 자신이 겪은 고통을 바탕으로 '의미치료'라는 심리치료기법을 만들어내기도 하였다.

이런 것을 보면 현 상황이 자신을 우울하게 만드는 것이 아니라 그 상황을 어떻게 보는지가 자신을 우울하게 만든다는 것을 알 수 있다. 오히려 고통이 있기 때문에 사람은 성장할 수 있다. '생각을 바꾸면 세상이 달라진다'는 말을 실천한다 면 우울증을 이겨내는 데 큰 도움을 얻을 수 있다. 다음의 예 를 보면 실직이라는 시련이 닥쳤을 때 생각하는 방식에 따라 나타날 수 있는 결과가 어떠한지를 이해할 수 있을 것이다.

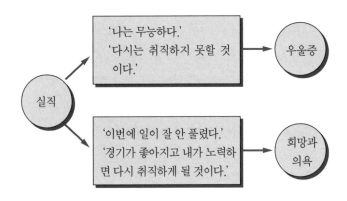

(2) 부지런히 활동을 하자

우울해지면 꼼짝도 하기 싫어서 누워만 있거나 새로운 일 을 시작하지 않으려 한다. 이런 무활동성이 오래되면 점점 의욕이 떨어지고, 즐거운 감정을 경험할 일이 없어져 더 우 울해진다. 그렇기 때문에 무슨 일이든지 만들어서 몸을 움직 여야 한다. 규칙적으로 운동을 하거나 다른 사람을 만나는 것도 좋은 방법이다. 또 어렵지 않은 취미 활동을 해보는 것 도 활력을 불러일으키는 데 도움이 된다. 그 외에도 집안일

을 열심히 하거나 다른 사람을 도와줌으로써 보람을 느껴본
다. 이렇게 부지런히 몸을 움직이다 보면 활력이 다시 생기
게 되고, 사고방식도 긍정적으로 변하게 된다. 또한 적절한
몸의 피로 때문에 저녁에 잠도 잘 오게 되어 우울증에서 벗
어날 수 있다.

(3) 기분 전환을 하자

즐거운 일은 없고 괴로운 일만 있으니 우울증에 빠질 수밖
에 없다고 생각하는 사람이 있다. 그런 사람은 즐겁거나 괴로
운 일은 항상 외부에서 자기에게 주어지는 것이라고 생각한
다. 물론 자기 뜻과는 상관없이 그런 일들이 생기는 경우도 있
다. 그렇지만 대체적으로 즐거움이나 괴로움은 스스로 만들
어내는 것이다. 즐거운 일이 없다고 한탄할 것이 아니라 즐거
운 일을 만들려고 노력해야 한다. 어떤 사람은 아무도 자기를
좋아하지 않는다고 절망한다. 만약 그렇다면 다른 사람이 자
신을 좋아하도록 자기가 먼저 노력해야 한다. 상대방의 입장
을 잘 이해하고 배려해주고 도와주면 상대방도 자기를 좋아하
게 되는 것이 인지상정이다.

또 누구나 한 가지 재주는 갖고 있다. 자신이 가진 재능을
키우는 것도 삶의 즐거움을 보태준다. 땀을 흘리면서 운동을
하거나 취미생활에 심취하는 것, 모르는 것을 공부하고 새로

운 것에 도전해보는 것, 또 자기가 맡은 일을 의무적으로 하기보다는 그것의 의미를 찾고 창조적으로 즐겁게 하는 방법을 찾는 것 등, 이런 것들이 기분을 좋게 만들어준다.

2) 불안 극복하기

불안하거나 걱정이 많은 경우에도 몸 상태가 나빠진다. 불안하면 우리 몸이 긴장하게 되고, 긴장 상태가 오래 지속되면 자율신경계의 교감신경계가 지나치게 활성화되어 근육통, 두통, 소화불량이나 불면증 등이 생길 수 있다. 불안과 지나친 걱정에서 벗어나면 몸 상태도 좋아진다. 불안을 극복하는 방법을 간단히 살펴보자.

나쁜 일이 생길지 모른다고 느낄 때 사람들은 불안해진다. 따라서 특정한 사태에 대해 미리 안 좋을 것이라고 예측하지 않는 것이 좋다. 두려움을 느끼면 그 일을 피하게 된다. 예를 들어, 시험 준비를 하는 사람이 "내가 열심히 해도 떨어지지 않을까?" 하고 미리 걱정한다면 마음이 불안해져서 집중력이 떨어지고 공부가 손에 잡히지 않을 것이다. 그러다 보면 해야 할 일을 미루거나 제대로 할 수 없게 되어 정말 나쁜 결과를 가져오게 된다.

그렇다면 어떤 일이 닥치기 전에는 미리 걱정하지 말고 아무런 준비를 하지 않는 것이 좋을까? 그렇지는 않다. 적정 수준의 걱정과 불안은 미래의 부정적 결과를 예방하기 위해 현재 노력을 하거나 준비를 하게 하므로 꼭 필요하다. 따라서 지나치게 태평한 마음 상태는 생활을 느슨하게 하고 게으름을 부리게 해서 현실에 적응하는 것을 어렵게 만든다. 중요한 것은 불안 수준이 적정한가 하는 것이다. 불안은 너무 없어도 문제가 되고 지나쳐도 문제가 된다. 적당한 만큼만 걱정을 하고 지나치게 걱정하지 않도록 자신을 돌아보는 일이 필요하다. 근거 없는 과도한 낙관주의도 피해야 하지만 매사에 지나치게 걱정을 하거나 무슨 일이든 잘 안 될 것이라고 미리 생각하는 것도 금물이다. '진인사대천명', 최선을 다한 다음에 그 결과에 대해서는 겸허하게 받아들이려는 마음자세가 필요하다. 만약 결과가 나쁘면 그때 가서 대책을 세우면 된다. 이런 방법을 적용해서 불안과 긴장을 줄이면 몸도 가벼워진다.

또 실제로 일의 결과가 나쁘더라도 그것을 지나치게 과장해서 생각하지 말아야 한다. 예를 들어, 여러 사람 앞에 나서서 이야기를 해야 하는 상황에서 말실수를 하지 않을까 불안해하는 경우가 있다. 이때 만약 '말실수를 하면 완전히 망신당할 것이다'라고 생각한다면 말실수를 할까 봐 매우 불안해진다. 그러면 온몸이 긴장을 하고 생각이 경직되어 정작 할 말을 제대로 못할 수 있다. 그보다는 '말을 하다 보면 실수할 수도 있다. 누구나 말실수를 한다. 그것이 그렇게 엄청난 결과를 가져오는 것은 아니다. 만약 실수를 한다면 잘못을 인정하고 수습하면 된다'라고 생각하면 불안은 훨씬 줄어들 것이다. 마음이 편하면 집중도 잘 되고 실수도 오히려 줄어든다.

3) 적극적인 갈등 해결과 감정 관리

사회생활을 하면서 생긴 갈등을 적극적으로 해결해서 심리적인 고통을 줄이는 것이 필요하다. 많은 사람은 문제를 드러내기보다 일단 피하고 감추는 것이 좋다고 생각한다. 그러나 감춰진 문제는 없어지는 것이 아니기 때문에 결국에는 교묘한 방식으로 드러나게 된다. 남편이 자신을 무시한다고 생각하는 아내의 경우, 겉으로는 내색하지 않아서 아무런 문제가 없는 것처럼 보일 수 있다. 그러나 남편에 대한 원망과 분노가 누적되다 보면 남편에게 잘해주고 싶은 마음이 없어지고 자기도 모르게 은근히 남편을 화나게 만드는 행동을 하게 된다. 그러다 보면 점점 남편과의 거리가 멀어지고 나중에는 걷잡을 수 없을 정도로 서로의 감정이 상하게 된다.

분노 감정이 오랫동안 억제되면 신체화를 유발할 수 있다는 것은 앞에서 자세히 알아보았다. 따라서 문제가 생겼을 때는 적극적으로 해결하고 넘어가려는 마음자세가 필요하다.

그렇다고 해서 꼭 상대방에게 따지거나 싸움을 걸라는 뜻은 아니다. 사소한 모든 일에 대해 다 불평하는 것은 인간관계에 도움이 되지 않는다. 어떤 것은 넓은 아량으로 이해하는 자세도 필요하다. 그러나 중요한 문제나 자신에게 심리적으로 앙금이 남을 수 있는 문제는 반드시 해결하고 넘어가야 한다.

사소한 일에 과민반응하고 타인에게 쉽게 적대감을 갖는 것도 몸에 해롭다. 예를 들어, 교통문제가 심각한 우리나라 실정에서는 끊임없이 도로에서 다툼이 일어난다. 자기만 먼저 가려는 조급함, 타인의 운전 미숙이나 사소한 실수를 조금도 참지 못하는 인내심의 부족 등이 적대감을 일으키는데, 이는 자신이나 상대방 모두에게 해롭다.

고부간 갈등도 이런 관점에서 보면 도움이 된다. 시어머니와 며느리는 오랫동안 다른 환경에서 살아왔기 때문에 생활방식이나 사고방식에서 차이가 있을 수밖에 없다. 그런데 시어머니가 며느리의 일거수일투족이 마음에 들지 않아 일일이 고치도록 지적한다면 며느리도 힘들 뿐만 아니라 시어머니도 매우 피곤해진다. 그리고 이런 사소한 일들이 모여서 감정이 상하게 되고 서로를 미워하게 된다. "사소한 일에 목숨 건다"라는 말이 있다. 크게 중요하지 않은 일은 이해하고 넘어가는 것이 필요하다는 것이다. 인간은 누구도 완벽하지 못하다는 것을 받아들이고 상대방의 결점이나 잘못을 지적하기 전에 먼저 상대방의 장점을 찾으려고 노력한다면 인간관계에서 생기는 갈등은 대부분 해결될 수 있다.

그러면 문제를 해결해야 한다는 것에는 동의하는데, 어떤 방식으로 해결하는 것이 좋을까? 이것을 잘 아는 사람은 많지 않을 것이다. 그런 교육을 학교에서도 가정에서도 받은 적이 거의 없기 때문이다. 대화로 갈등을 해결하려고 시도했다가 오히려 갈등이 더 깊어지는 결과를 초래하는 경우도 흔히 볼 수 있다. 갈등을 효과적으로 해결하고 자신의 감정을 적절하게 표현하는 것은 상당한 공부를 필요로 한다. 그 구체적인 방법은 뒤의 '3. 의사소통 및 감정 표현 방식의 개선'과 '4. 스트레스에 대처하기'에서 자세히 다룰 것이다.

물론 모든 심리적인 문제가 당사자와의 대화를 통해 해결되는 것은 아니다. 예를 들어, 가족이 사고로 죽었다든지 천재지변으로 재산을 잃어버린 것 등은 해결되지 못하고 마음속에 한으로 자리 잡을 수 있다. 이렇게 현실에서 해결되지 못할 문제나 갈등은 승화시키는 것이 가장 좋은 방법이다. 즉, 그 한을 생산적이고 창조적으로 발산하게 하는 것이다.

또 다른 방법은 믿을 만한 친구나 가까운 사람과 터놓고 이야기하는 것이다. 자신이 겪은 억울한 감정이나 분노 등을 친한 사람과 이야기하는 것만으로도 감정이 상당히 정화될 수 있다. 많은 사람이 자기 가족과의 갈등을 타인에게 이야기하

한의 승화

한(恨)은 한국인에게 나타나는 대표적인 정서로 외로움, 서러움, 허전함, 괴로움, 슬픔, 비참함, 아쉬움, 아픔, 뉘우침, 원망 등이 복합적으로 얽혀 있는 감정이다(최상진, 1991; 한정옥, 이종섭, 민성길, 1997).

한은 4단계의 변화를 거친다. 1단계에서는 특정한 부정적인 사건이 있어서 당사자의 욕구가 좌절되고 분노나 적개심, 원한을 경험한다. 그러나 이를 직접적으로 표출하는 것이 허용되지 않아서 억제하게 된다. 2단계는 억울함이나 불행의 책임을 자기 자신에게 돌리면서 원한이나 분노 감정은 약해지고 그보다는 자기 신세에 대한 비애의 감정과 자기 원망을 하게 된다. 이때 팔자나 운명의 탓으로 돌리는 숙명론이 나타나기도 한다. 3단계에서는 슬픔이나 한 등의 복합적인 감정이 생겼다가 가라앉기를 반복하면서 안정된 한의 상태로 남게 된다. 이러한 한은 예술이나 문학과 같이 승화된 형태로 변환되어 표현되기도 한다. 4단계는 한스러운 사건이 자기의 감정과 분리된다. 이때는 자기의 한을 마치 남의 이야기를 하듯이 말하기도 한다. 이 단계에서는 현실에 초연해지면서 평온하고 조용하며 한적한 감정 상태를 보인다.

한은 생기지 않으면 가장 좋지만, 피치 못할 경우에는 이를 좋은 방향으로 승화시켜야 한다. 고통을 통해 자신의 잠재력을 오히려 더 적극적으로 키워서 자기를 정신적으로 성장시킬 수 있다. 장애를 극복한 헬렌 켈러나 생활고와 외로움, 정신병에 시달리면서도 불후의 예술작품을 남긴 이중섭 혹은 고흐가 좋은 예다. 또한 타인과의 관계에서 생긴 한은 용서를 통해 치유되기도 한다(오영희, 1995).

는 것 자체가 '자기 얼굴에 침 뱉기'라고 생각한다. 이는 갈등이나 감정을 숨기고 억제하는 것을 미덕으로 여기는 한국 문화의 풍토에서 생긴 것이다.

그러나 앞에서도 보았듯이 심리적인 문제는 혼자서 삭이면 반드시 문제가 생긴다. 심리적 갈등이나 고통을 유발한 당사자와 직접 해결할 수 없는 문제는 믿을 만한 사람 또는 심리치료 전문가에게 털어놓고 위로를 받는 것으로도 고통이 경감될 수 있다(Esterling, L'Abate, Murray, & Pennebaker, 1999; Pennebaker & Susman, 1988). '남에게 이야기한다고 해결될 문제가 아니다'라고 생각할 수 있지만 적어도 부정적인 감정이 많이 완화되기 때문에 정신건강에 좋다. 또한 이야기를 하면서 사고방식에 융통성이 생기게 되어 이전에는 생각하지 못했던 해결책을 발견할 수도 있다. ❖

2. 사고방식의 전환

앞에서 보았듯이 건강에 대해 완벽주의적인 생각을 갖고 있으면 사소한 신체 증상에 지나치게 주의를 기울이게 된다. 또 별것도 아닌 신체 증상을 확대해서 보고, 그것을 부정적으로 생각해서 질병과 관련짓는다. 그래서 자신이 병에 걸렸다고 믿고, 그렇게 되면 또 다른 신체 증상을 찾으려 한다. 그러면 새로운 감각이 경험되고, 이것은 질병의 또 다른 증거로 잘못 해석된다(Warwick & Salkovskis, 1990).

사람은 자신이 만들어낸 믿음을 확증시켜주는 정보에 선택적으로 주의를 기울이고 그렇지 않은 것은 무시하기 때문에, 건강염려증은 대개 스스로 만들어가는 것이다. 이런 인지적인 문제가 일차적으로 나타나고, 그 이후에 신체에 집착하고 병원을 전전하는 행동이 이차적으로 나타난다.

따라서 건강에 대해 생각하는 방식을 바꾸는 것이 신체화

를 극복하는 데 도움이 된다. 즉, 융통성이 없고 잘못된 믿음
을 융통성 있는 믿음으로 바꾸는 것이 필요하다. 몸이 건강한
사람이라도 가끔씩은 여러 가지 신체 증상을 보일 수 있다. 그
러므로 건강을 위해 규칙적으로 생활하고, 적당하게 운동을
하며, 좋은 음식을 먹고, 또 정기적으로 신체 검진을 받아보는
것이 바람직하다. 그러나 완벽한 건강에 집착하는 것은 오히
려 건강에 도움이 되지 않는다. 몸에 좋다는 약을 이것저것 먹
는 것보다는 여러 가지 음식을 골고루 섭취하는 것이 건강에
는 더 좋다. 또 건강에만 신경 쓰느라고 다른 일을 제대로 할
수 없다면 그 사람의 생활은 행복하지 못할 것이다. 오래된 기
계에는 녹이 스는 것처럼, 나이가 들면서는 조금씩 신체 증상
이 생기게 된다. 40~50대에 신체화가 많아진다는 통계가 있
는데, 나이에 따라 생기는 정상적인 신체 기능의 저하는 크게
문제되지 않을 경우 그대로 받아들일 필요가 있다.

　건강에 지나치게 신경을 쓰면 잡다한 신체 감각을 질병의
신호가 아닐까 생각하면서 계속해서 확인하려 하는데, 이런
행동이 신체 감각에 더욱 집착하게 만든다. 따라서 기본적인
의학 상식을 가지는 것은 좋지만, 모든 관심을 건강에만 기울
이지 말고 다른 것에도 관심을 많이 갖는 것이 좋다. 또 원래
몸이 약하거나 안 좋다고 해서 활동을 하지 않으면 결국 신체
기능이 점점 더 약해지는 결과를 낳는다. 그러므로 몸 상태가

좋지 않더라도 무리하지 않는 범위 내에서 운동이나 활동을 계속해야 한다. 그러다 보면 활력이 다시 생긴다.

신체에 대한 지나친 의식과 건강에 대한 지나친 염려 및 잘못된 귀인을 수정하면 신체화에서 벗어날 수 있다. 예를 들어, 흔한 신체 증상에 대해서는 다른 사람들도 경험하고, 해가 없는 것으로 새롭게 해석하는 방법을 배우고 연습하라. 사소한 신체 증상을 없애려고 하기보다는 신체 증상에 대해 새롭게 생각하는 방식을 배우는 것이 몸을 덜 아프게 느끼도록 만든다. 이를 위해 다음과 같은 몇몇 인지행동기법을 활용할 수 있다.

1) 몸에서 주의를 분산시키기

건강을 지나치게 염려하는 사람은 자기 신체에 지나치게 주의를 기울인다. 따라서 자기 몸에 대해 생각하는 시간이 많은 사람은 신체에서 주의를 분산시키는 것이 필요하다. 예를 들어, 이를 뽑고 난 후에 느끼는 통증은 거기에 주의를 기울이는 정도에 비례한다는 연구결과가 있다. 또 운동을 할 때 다른 대화를 듣는 것에 비해 자신의 호흡소리를 듣는 것이 피로를 더 많이 느끼게 한다는 연구결과도 있다. 한 가지 예를 들어 보자.

만성적인 과민성대장증상과 소화불량으로 고생하던 한 여성은 교통사고를 당한 남편을 대신해서 일을 하면서 매우 바빠지자 위통 증상이 사라졌다. 그녀는 다른 일에 주의를 빼앗김으로써 자기가 아프다는 것을 잊어버린 것이다. 일상생활에서도 신체 일부를 조금 다쳤을 때 다른 일을 하거나 다른 사람과 이야기를 하다 보면 아픈 것을 잊어버리지만, 다친 곳을 계속 쳐다보고 있으면 통증을 더 많이 느끼는 것을 알 수 있다.

불면증이 있는 사람도 자기가 잠을 못 잔다는 사실에만 계속 신경을 쓰면서 시계만 들여다보고 있으면 더 예민해지고 초조해져서 더욱 잠을 못 이루게 된다. 잠이 안 올 때는 다른 일에 몰두해보는 것이 좋다. 이렇게 자기의 몸이 아닌 다른 일에 주의를 기울이려 노력하는 것이 신체화에서 벗어나는 데 도움이 된다.

그리고 신체에 주의를 기울이더라도 해롭지 않은 많은 신체 감각에 초점을 두면서 안 좋은 증상은 무시하는 것도 필요하다. 이를 위해 신체를 점진적으로 이완시켜 그때의 신체 감각을 느껴보는 것이 좋다. 숨을 깊이 그리고 천천히 들이쉬고 내쉬는 것을 반복하면서 호흡을 가다듬고 머리, 목, 어깨 등을 이완시키는 것을 연습하면 근육의 긴장을 푸는 데 도움이 될 것이다. 이 방법은 뒤에서 자세히 설명하겠다.

2) 신체 증상을 새롭게 해석하기

사소한 신체 증상이 있을 때 그것이 심각한 질병 때문에 나타난다고 해석하면 그 증상이 더 크게 보이고 더 해로운 것으로 보인다. 두통이 있을 때 그것이 뇌종양 때문일 거라고 해석한다면 온통 두통에 사로잡혀 다른 일은 하지 못할 것이고, 그러다 보면 거기에 주의가 집중되어 점점 더 머리가 아파질 것이다.

정기적으로 신체 검진을 받아보고, 이상이 발견되면 적절한 의학적 치료를 받아야 하겠지만 검사에서 이상이 없다고 나타나면 자기의 증상을 다르게 해석하는 것이 신체화를 줄이는 데 도움이 된다(Woolfolk & Allen, 2012). 증상의 원인을 일시적인 과로나 지난밤에 잠을 설친 것, 불쾌지수가 높은 날씨 같은 데서 찾아보는 것도 좋다. 또는 심리적인 갈등이나 스트레스가 많지 않은지 역시 살펴보아야 한다.

다음의 예를 보자.

갑자기 심장이 뛰기 시작한다.

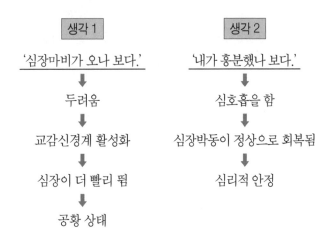

이렇게 신체 증상을 해석하는 방식을 바꾸면 똑같은 증상이라도 별로 심각해 보이지 않을 수 있다. 만약 신체 증상과 관련해 심리적인 문제가 확인된다면 스트레스에 효과적으로 대처하는 방법을 배워서 극복할 수 있다. 또 우울이나 불안 같은 감정이 신체화와 관련된다면, 그런 감정에서 벗어나는 방법을 시도해야 한다. 또는 대인관계에서 해결되지 못한 갈등 때문에 신체화가 온 것이라면 효과적인 의사소통을 통해 이를 해결해야 한다. 이처럼 이유를 알 수 없는 신체 증상이 자신의 심리적인 문제에서 비롯되었다는 것을 일단 깨닫고 나면 그런 심리적인 문제를 해결하도록 노력해야 한다. ◆

3. 의사소통 및 감정 표현 방식의 개선

앞에서 나온 것처럼, 부정적인 감정을 잘 처리하지 않으면 그것이 억제되고 누적되어 신체화를 일으킬 수 있다. 따라서 자신의 부정적인 감정을 잘 알고 이를 효과적으로 처리하는 방법을 배워야 한다. 자기표현과 자기주장을 적절하게 할 수 있어야만 몸이 아픈 환자 역할을 통하지 않고도 원활한 의사소통과 갈등 해결이 가능해진다.

일단 자기 감정을 솔직하고 자연스럽게 표현해보자. 기쁘면 웃고 슬프면 우는 것은 매우 자연스러운 것이고 건강에도 좋다. 어린아이는 하루에도 수백 번씩 웃고 운다. 슬플 때 우는 것은 감정을 후련하게 하고 결과적으로 안 좋은 감정에서 헤어나기 쉽게 만들어준다. 예를 들어, 가족과 사별한 경우 눈물을 흘리는 것이 눈물을 억지로 참는 것보다 정상적인 심리 상태로 되돌아오는 데 더 도움을 준다. 슬플 때 흘리는 눈물은 스트레스와 관련된 호르몬카테콜아민을 몸 밖으로 빨리 배출시키기 때문이다.

한국 남성은 '남자가 울면 안 된다'는 고정관념화된 성역할을 강요받기 때문에 슬퍼도 눈물을 흘리지 않아야 강한 남자로 간주한다. 그래서 남성은 스트레스가 더 누적될 수 있으며, 그것을 풀기 위해 주로 술을 마시거나 담배를 피워 건강을 해치는 경우가 다반사다. 이런 좋지 않은 고정관념을 버리고 '슬플 때는 남자든 여자든 울어야 한다'는 자연스러운 법칙을 받아들이는 것이 건강에 좋다.

그런데 어떤 감정은 직접적으로 표현하기가 더 어렵다. 분노감, 적개심, 억울함 등의 부정적인 감정이 여기에 해당한다. 이런 감정을 처리하는 데는 여러 가지 방식이 있다. 그중 한 가지가 감정을 있는 그대로 표현해버리는 것으로, 어린아이는 이런 방식을 많이 사용한다. 그러나 어른이 마구 화를 내고 소리를 지르면서 물건을 집어던진다면 그 사람은 사회에 적응하기 어려울 것이다. 그런 방식으로 감정을 표출하면 자제력이 없는 이상한 사람으로 보이고 주변 사람들과의 관계도 나빠진다. 그래서 사람들은 억지로 참는 방식을 많이 채택한다. '나 하나 참으면 여러 사람이 편하다'는 생각으로 혼자서 삭이는 것이다. 때로는 이런 식으로 참고 양보하고 나면 더 좋은 결과가 오는 경우도 있다. 그렇지만 모든 경우에 항상 참기만 한다면 정신건강에 매우 해롭다. 억제된 감정은 없어지지 않고 남아 있다가 한꺼번에 폭발적으로 터져 나오거나 신체적으로 전환되어 자기 몸이 아프기도 한다.

그렇다면 이런 감정은 있는 그대로 나타내서도 안 되고, 그렇다고 억눌러도 좋지 않다는 결론에 이른다. 그러면 어떻게 해야 할 것인가? 자기 감정을 다른 사람에게 효과적으로 전달하는 기술을 배워야 한다. 즉, 타인에게 상처 주지 않는 방식으로 자신의 의사나 감정을 충분히 표현하는 기술이 필요하다. 신체화 경향이 있는 사람이 분노조절 방법을 배우게 되면 신체화 증상을 완화시킬 수 있다(고선자, 손정락, 2008).

1) 상대방의 말에 귀 기울이기

며느리가 명절 음식을 준비하기 위해 시장을 봐왔는데 시어머니가 사오라는 것을 몇 가지 빠뜨렸다. 시어머니는 며느리가 자기 말을 안 들었다고 화가 나서 나무랐다. 거기에서 그치지 않고 '그런 일도 제대로 못 하냐?'는 식으로 핀잔을 주면서 며느리가 이전에 잘못했던 것까지 끄집어내어 계속 야단을 쳤다. 며느리는 기껏 힘들게 시장에 다녀왔는데 야단을 맞아서 화가 났다. 그래서 며느리도 시어머니의 잘못을 지적했다. 시어머니는 며느리가 대든다고 더욱 화를 냈다.

이런 일은 흔히 일어나는 일이다. 이때 제삼자는 '며느리가 나쁘다' 혹은 '시어머니가 나쁘다'고 간단하게 평가할 것이다. 그러나 이런 문제는 누가 더 잘못했는지를 따지기 전에 대화 방식을 개선하는 것이 가장 좋은 해결책이다.

우리는 자신의 뜻을 타인에게 전달하기 위해서는 말을 잘해야 한다고 생각한다. 그러나 의사소통의 많은 부분은 타인의 말을 듣는 것과 관련된다. 자기 의사를 관철시키려면 그 전에 상대방의 말을 잘 들어주는 것이 좋다. 왜냐하면 사람은 자기 이야기를 열심히 들어주는 사람에게 마음을 열게 되어 있고, 상대방이 자신을 잘 이해해준다고 생각하면 마음의 여유가 생겨서 그다음에는 상대방의 말을 더 잘 들어주게 되기 때문이다. 자신의 감정을 전달할 때도 마찬가지다. 상대방을 전혀 고려하지 않고 내 감정만 이야기하면 자기 뜻을 전달하기가 매우 어려워진다. 그래서 기본적으로 대화를 잘하려면 말을 잘하는 것보다 잘 듣는 것이 더 중요하다.

그렇다면 타인의 말을 잘 들으려면 어떻게 해야 하는가? 자신이 다음의 질문에 얼마나 해당하는지 알아보자.

- 상대방이 말할 때 다른 일을 하거나 다른 생각을 하고 있지는 않는가?
- 다음에 무슨 말을 해야 할지 생각하고 있지는 않는가?

- 상대방이 말하는 도중에 끼어들어서 자신의 이야기를 하지는 않는가?
- 상대방이 말을 다 마치기도 전에 미리 짐작해서 더 들을 필요도 없다고 생각하지는 않는가?

이런 것에 해당한다면 듣는 기술이 부족한 것이다. 타인의 말을 제대로 들으려면 먼저 상대방을 존중하고 이해하려는 마음가짐이 있어야 한다. 그 사람의 입장에서 생각하고 느껴보려고 노력하면 상대방의 많은 것을 이해할 수 있다. 그리고 상대방이 말하는 동안에는 모든 주의를 그 사람에게 기울여서 열심히 들으려고 노력해야 한다.

상대방의 감정이나 생각을 판단하지 말고 있는 그대로 받아들이는 것도 중요하다. "그 말은 틀렸어" "네가 잘 몰라서 그래"와 같은 이런 식의 말은 상대방을 기분 나쁘게 만들고 자기를 방어하게 만든다. 그래서 그 이후에는 대화가 원활하게 이어지기 어렵다. 자기 의견과 다르다고 해서 "틀렸다"라고 말하는 것은 바람직하지 않은 대화 방식이다. 그보다는 "내 생각은 좀 다르다"라고 말하는 것이 좋다.

그리고 잘 듣는다는 것은 상대방이 말하고 싶은 만큼 끝까지 인내심을 갖고 들어주는 것이다. 미리 짐작하거나 중간에 다른 화제로 바꾸어버리면 상대방은 무시당했다고 느끼게 된다. 이렇게 타인의 말을 제대로 들어주기란 쉬운 일이 아니다. 그러나 이렇게 열심히 들어주면 상대방이 마음을 열게 되고, 그때 자신의 의견을 말하면 상대방도 쉽게 받아들이게 된다.

이런 원칙을 앞의 고부간의 대화에 적용해보자. 시어머니는 시장에 다녀온 며느리에게 야단을 치기 전에 수고했다고 격려해주었더라면 좋았을 것이다. 그리고 나서 사오라는 것을 사오지 않은 이유를 물어볼 수 있다. 그러면 며느리는 못 사온 이유를 말할 것이고, 시어머니는 그것을 며느리 입장에서 이해해보고자 노력할 수 있을 것이다. 며느리 역시 시어머니가 자신을 야단칠 때는 그 물건을 사올 것이라고 기대했었기 때문인데, 그 기대가 어긋나서 시어머니의 기분이 상했다는 것을 이해하는 것이 필요하다. 그러면 말투도 부드러워질 수 있다. 며느리는 시어머니의 기분을 이해한다는 것을 먼저 말한 후 사오라는 것을 사오지 못한 타당한 이유를 말하는 것이 좋다. 며느리 자신의 실수라면 실수를 솔직히 인정하고 사과해야 하며, 시어머니 역시 며느리의 실수에 대해 야단을 치기보다는 많은 걸 사다 보면 한두 가지는 잊어버릴 수도 있다고 이해하는 것이 서로의 정신건강에 좋다.

2) 말하는 기술 익히기

어떻게 말을 해야 잘하는 것인가? 옛 속담에 '말 한 마디에 천냥 빚도 갚는다' '아 다르고 어 다르다' 는 말이 있다. 즉, 말을 잘하면 어려운 문제가 해결될 수 있고, 조금 잘못해도 큰 오해가 생길 수 있다는 뜻이다. 말을 잘한다는 것은 말솜씨가 좋다는 것과는 다르다. 말을 번지르르하게 잘하는 것이 똑똑해 보일 수 있지만 사람들 간에 생긴 갈등을 해결하는 것과는 별개의 문제다. 다음은 며칠째 계속 밤 늦게 귀가하는 남편과 화가 난 아내의 대화다.

> 아내: (언성을 높여서) 지금이 몇 시인지나 알아? 당신은 사람이 왜 그래? 맨날 밤 늦게 들어오고, 집안일에는 관심이 눈곱만큼도 없잖아.
>
> 남편: 좀 늦게 들어온 걸 가지고 뭘 그래? 당신도 지난주에 친구들 만나서 늦게 들어왔잖아?
>
> 아내: 나야 어쩌다가 그렇지. 당신은 허구한 날 늦잖아. 요즘 세상에 이렇게 가정에 불성실한 남자가 어딨어?
>
> 남편: 시끄러워! 무슨 잔소리가 그렇게 많아? 당신이란 사람은 이해심이 너무 없어. (문을 쾅 닫고 들어가 버린다.)

안 좋은 감정을 느낄 때 충동적으로 생각 없이 말을 하면 싸움이 되고 관계가 나빠지기 쉽다. 그래서 아예 말을 안 해버리는 경우도 많다. 그렇지만 말을 안 하게 되면 섭섭하거나 화난 감정이 없어지지 않고 누적되기 때문에 나중에 한꺼번에 폭발하거나 신체화로 나타나기도 한다. 앞의 대화에서 어떤 문제가 있는지 하나씩 짚어보자.

- 아내는 남편이 왜 늦었는지를 들어보지도 않고 자기 말만 하려고 한다.
- 아내는 남편을 비난하는 어조로 말한다.
- 며칠 늦은 것을 맨날 늦은 것으로 과장해서 말한다.
- 늦게 들어오는 것에 초점을 맞추지 않고 남편의 인간성에 대해 말한다.

아내가 비난조로 말하면 남편의 반응은 당연히 자기를 방어하거나 자기도 상대방을 공격하게 된다. 그래서 늦게 들어온 것을 반성하기보다는 아내의 잘못을 찾아내려고 한다. 그런 식으로 대화를 주고받다 보면 계속 서로를 비난하다가 큰 싸움으로 이어지거나 양쪽 다 기분이 상한 채 대화를 끝내게 된다. 이런 식의 대화가 습관이 되면 서로가 이해받지 못한다고 생각하고 심리적인 거리도 멀어져 결국에는 대화를 하지 않게 되는 심각한 상태에 도달할 수 있다.
이번에는 다음의 대화를 보자.

> 아내: 당신 며칠째 늦네요. 피곤하겠어요.
>
> 남편: 그래, 피곤해요. 며칠째 회사일도 많고 손님을 접
> 대할 일도 계속 생기네요.
>
> 아내: 당신이 자주 늦게 오니까 너무 무리해서 건강을 해
> 치지 않을까 걱정이 돼요. 그리고 당신 힘든 거 이
> 해하면서도, 당신이 너무 바빠 집안일에 무관심한
> 것 같아서 좀 섭섭하기도 하고요.
>
> 남편: 안 그래도 내가 당신이나 애들한테 너무 신경을 못
> 써서 미안하게 생각하고 있어요. 이렇게 바쁜 것도
> 며칠 후면 좀 나아질 테니 집에도 일찍 일찍 들어올
> 게요.

이 대화를 자세히 분석해보자.

- 언성을 높이지 않고 차분하게 말한다.
- 아내는 남편의 입장에서 이해하고 걱정하는 말을 먼저
  한다.
- 아내는 남편이 늦은 이유에 대해 자연스럽게 이야기할

기회를 준다.

- 아내는 남편을 비난하지 않으면서 자기의 생각과 부정적인 감정을 솔직하게 이야기한다.
- 늦게 귀가하는 문제에만 초점을 맞춰서 이야기하고 다른 문제로까지 확대하지 않는다.

이런 방식으로 대화를 하면 남편은 자신이 먼저 이해받았기 때문에 마음의 여유가 생긴다. 그러면 자기를 방어하거나 상대방을 비난하지 않고 대화가 이어질 수 있다. 또 아내의 섭섭한 감정에 대해서도 쉽게 받아들여서 자기 행동을 스스로 반성하게 된다. 이런 대화를 습관화하면 부부간에 갈등이 생기더라도 쉽게 해결할 수 있고, 오히려 관계가 더 좋아질 수 있다. '비 온 뒤에 땅이 굳는다'는 말처럼 어려운 일이 생겼을 때 서로를 비난하기보다는 함께 잘 해결하고 나면 서로에 대한 신뢰와 애정이 더 깊어진다. 2가지 대화 방식을 비교하면서 바람직한 대화 기술을 알아보자.

(1) '나 전달법' 사용하기

앞의 예에서 첫 번째 대화를 보면 주로 상대방에 대한 이야기를 하고 있다. 이를 '너 전달법'이라고 한다. 너 전달법은 대부분 상대방을 비난하거나 야단치거나 명령하는 말이다. 사람들은 이런 식의 말을 들으면 실제로 자기가 잘못한 것을 알고 있더라도 대개는 반발하고 기분이 상하게 된다. 그러면 자기 잘못을 반성하기보다는 상대방을 공격하기 쉽다. 이런 식으로 서로 기분이 상하면 문제는 해결되지 않고 감정적인 반응으로 일관하게 된다.

이에 비해 '나 전달법'은 나를 주어로 사용해서 내 생각이나 나의 감정을 다 말하면서도 상대방의 기분을 상하지 않게 하는 장점이 있다. 두 번째 대화의 예에서 나온 것처럼 "많이 기다렸는데 당신이 늦게 들어와서 좀 섭섭하다"고 말하는 것이다. 이런 말은 초점이 상대방이 아니라 자신에게 있기 때문에 상대방을 직접적으로 비난하지 않으면서도 자신의 부정적인 감정을 솔직하게 전달할 수 있다.

이런 대화 방식을 익히려면 상당한 연습이 필요하다. 먼저, 자신의 기분 상태가 어떤지 잘 알아야 한다. 그래야 그것을 말로 적절하게 표현할 수 있다. 그리고 상대방의 행동을 과장하지 않고 객관적으로 보는 것이 필요하다.

(2) 서로 격려하는 말을 많이 해주기

어려운 때일수록 서로를 헐뜯고 비난하기 쉬운데, 이는 문제 해결에 도움이 되지 않는다. 그보다는 서로 위로해주고 격려해주는 것이 큰 힘이 된다. 누군가가 힘들어할 때 그 사람의 고민을 열심히 들어주고 이해해주려고 노력해보자. 특히 부부간에 기회가 있을 때마다 격려의 말을 해주는 것이 좋다. "당신 정말 수고했어요" "당신 말이 일리가 있어요" "당신은 해낼 수 있을 거야" "나는 무조건 당신 편이에요."

이런 말을 자주 사용하면 관계가 가까워질 수 있다. 자녀에게도 명령하거나 야단치는 것을 줄이고, 잘한 일에 대해서는 반드시 칭찬해주며, 자녀의 의견을 열심히 들어주자. 그래야 자녀가 심리적으로 안정되면서 스스로 자신을 존중하게 되고, 더 열심히 생활하며, 자율성도 커진다.

또 어떤 어려운 문제가 닥쳤을 때 자신이 생각하는 해결책을 일방적으로 이야기하기보다는 어떻게 하면 좋을지를 터놓고 같이 의논하는 것이 좋다. 어른은 청소년과 대화할 때 "이렇게 해라" "저렇게 해라"라는 말을 많이 하는데, 그보다는 "네 생각에는 어떻게 하면 좋을 것 같으냐?"고 물어본 후 의견을 충분히 들어주고 나서 조언을 해주고, 아이가 스스로 자기 행동을 결정할 수 있게 도와주는 것이 바람직하다.

사람은 누구나 다른 사람에게 명령을 받거나 지배를 당하는 것을 싫어한다. 따라서 이런 심리를 이해한다면 명령이나 협박조의 말과 상대방의 자존심을 깎아내리는 말은 안 하는 것이 좋다. 특히 "넌 왜 항상 그 모양이냐?" "바보" "돌대가리" "누구 반만큼만 해라" "커서 뭐가 되려고 그러니?"와 같은 말은 절대 자녀에게 해서는 안 된다.

3) 화와 분노를 효과적으로 표현하고 해소하는 방법

자신의 화를 잘 다스리는 것은 가정생활이나 직장생활에서 대인관계에 적응하는 데 매우 중요하고, 이는 정신건강과도 직결된다. 화가 났을 때 잘 대처하려면 먼저 자신이 화가 났음을 알아야 한다. 그리고 왜 화가 났는지를 생각해보고, 그것을 어떻게 표현할 것인지를 신중하게 고려한 다음 행동으로 옮겨야 한다.

- 화나는 감정은 그 자체가 나쁜 것은 아니다. 그 감정을 어떻게 효과적으로 표현하고 잘 활용하는지가 중요하다.
- 나를 화나게 한 일이 무엇인가? 나는 그 일에 왜 화가 났는가? 내가 지나치게 확대해석한 것은 없는가?
- 화가 날 때는 잠시 흥분을 가라앉힌 후, 시간이 너무 지나기 전에 솔직한 대화를 나눈다.
- 내 자신의 감정뿐 아니라 상대방의 화나는 감정도 받아들이고 인정한다.

너무 자주 화가 나거나 극심한 분노 감정을 경험한다면, 자신의 생각이 비합리적이고 비현실적이지 않은지를 고려해야 한다. 앞의 예를 정리해서 생각해보자.

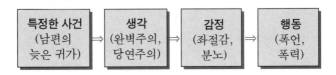

완벽주의나 당연주의적인 생각의 예를 들어보자. '남편이라면 당연히 일찍 들어와야 해' '남편은 반드시 가정일을 최우선으로 생각해야 돼'와 같은 생각을 가지고 있으면, 남편이 늦게 들어왔을 때 화가 많이 나고 싸움으로 치달을 가능성이 커진다.

그러나 '바깥일이 급할 때는 늦게 들어올 수도 있지' '항상 가정일에 충실하기는 어렵지'와 같은 생각을 가지고 있다면 조금 섭섭할 수는 있어도 그렇게까지 화가 나지는 않을 것이다. 이렇게 자신의 생각을 좀 더 유연하게 현실적으로 바꾸면 분노 감정을 느끼는 일은 자연히 줄어든다.

또한 상대방이 명백하게 잘못해서 화를 낼 수밖에 없는 일이라도 이런 감정을 앞에서 언급한 '나 전달법' 같은 효과적인 의사소통 방식을 사용해서 차분하게 말하는 것이 좋다. 만약 대면하고 말할 때 흥분을 가라앉히기 힘들다면 정중한 어투로 자신의 감정과 생각, 바람을 편지로 쓰는 것도 한 방법이다.

　너무 화가 치밀어 도저히 차분하게 말할 수 없을 때는 대화를 잠시 미루는 것도 좋다. 분노가 정점에 이르렀을 때는 자기도 모르게 상대방에게 상처를 주는 말을 하게 되기 때문이다. 그런 경우에는 "지금은 내가 화가 많이 나서 지금 이야기하면 안 좋을 것 같다. 그러니 좀 있다가 다시 이야기하자"라고 말하고, 마음을 진정시킨 다음에 다시 대화를 시도한다. 또 심호흡을 하면서 숫자를 10까지 천천히 세거나 잠시 다른 방에 가서 진정시키는 것도 좋다. ◆

4. 스트레스에 대처하기

오랫동안 지속되는 스트레스는 긴장성 두통, 목이나 어깨의 통증, 소화불량, 불면, 만성피로 등 여러 가지 긴장성 신체 증상을 유발한다. 그 외에도 스트레스 때문에 담배를 많이 피우거나 술을 많이 마시게 되어 실제로 건강을 해치기도 한다. 이처럼 스트레스가 장기화되면 그것이 신체화를 유발하는 한 가지 원인이 될 수 있다. 또 스트레스에서 오랫동안 헤어나지 못하면 무력감, 우울, 불안 등의 정서 문제도 생긴다. 따라서 일상생활에서 겪는 스트레스를 효과적으로 처리하는 것이 중요하다.

그렇다면 스트레스란 무엇인가? 그것은 어디에서 오는 것인가? 대개 스트레스라고 하면 지나치게 일이 많거나 막중한 책임을 져야 되는 일이 있거나, 다른 사람이 괴롭히는 경우를 쉽게 떠올린다. 그래서 스트레스는 외부에서 자신에게로 주어지는 어떤 힘든 것이라고 생각한다. 그러나 각자가 느끼는 스트레스는 단순히 특정한 생활사건 그 자체가 아니다. 그보다는 그 일에 대해 어떻게 생각하고 받아들이는가 하는 것이 진짜 스트레스가 된다. 그래서 스트레스를 많이 느끼는 성격이 있는가 하면 그렇지 않은 성격이 있다.

두 사람이 각자 내일까지 직장 상사에게 보고서를 올려야한다고 가정해보자. 남은 시간은 10시간쯤 되고, 할 일은 매우 많다. 한 사람은 10시간 동안 그렇게 많은 일을 도저히 할수 없다고 생각하고, 그 일을 못하면 상사에게 혼날 것이라고 생각하면서 어떻게 해야 할지 결정을 내리지 못한 채 줄담배만 피우고 있다. 그 사람은 엄청난 스트레스를 경험하고 있는 것이다. 그럴 경우 실제로도 일의 효율성은 떨어진다. 그런데또 다른 사람은 상황을 전혀 다르게 보았다. 10시간 동안 일을다 하기에는 빠듯하지만 능력을 시험해볼 수 있는 좋은 기회라고 생각하고, 10시간을 효율적으로 사용하기 위해 중요한 것부터 매 시간 단위로 계획을 짰다. 그는 제한된 시간에 최대한 집중해서 일을 하고 그래도 안 되는 것은 어쩔 수 없다고생각했다. 상사에게 야단을 맞을 수도 있겠지만, 내가 최선을다했다는 것을 보여주면 잘 넘어갈 수 있을 것이라고 낙관적으로 생각하니 그 상황이 그렇게까지 스트레스가 되지는 않았다. 이 두 사람의 예에서 알 수 있듯이, 우리가 스트레스를 경험하는 데는 그 상황을 어떻게 보는지, 그리고 내가 얼마나 잘 대처할 수 있다고 자신하는지가 커다란 역할을 한다.

현대사회에서 스트레스 없이 살아가기는 불가능하다. 스트레스는 어느 곳에나 있다. 도시가 싫어서 시골로 가면 또 다른 스트레스가 생기기 마련이다. 따라서 스트레스는 피하지 말고 직면해서 적극적으로 대처하는 것이 좋다. 그리고 주관적으로 느끼는 스트레스를 줄이기 위해 노력해야 한다. 수많은 스트레스를 견뎌내기 위해 또는 심지어 즐기기 위해 활용할 수 있는 다양한 방법이 있다.

1) 스트레스 사건을 새롭게 보자(인지적 재구성)

앞에서 살펴보았듯, 우리가 주관적으로 갖는 스트레스의 정도는 현재의 사태나 상황을 어떻게 보는지에 달려 있다. 따라서 비록 힘든 상황이라 할지라도 고통스러운 측면을 과장해서 보지 않으면 스트레스를 줄일 수 있다. 많은 사람이 흔히 겪는 스트레스의 예로 도로에 차가 많아서 움직이지 못하는 경우, 실직했거나 실직 당할지도 모른다는 생각에서 오는 스트레스 등이 있다.

길이 막힐 때 '차가 움직이지 못해서 답답해 죽겠다' '시간도 없는데 길바닥에 시간을 다 버리는군'과 같이 생각하면 더 답답하고 짜증이 난다. 그런데 똑같이 길이 막혀도 '우리나라에 차가 많으니까 빨리 갈 생각은 말아야지' '차가 못 가는 동안 시간을 허비하지 않으려면 무엇을 하면 좋을까?'와 같은 생각을 한다면 스트레스의 정도는 상당히 줄어들 것이다. 어차피 길이 막힌다면 신경질을 내고 있기보다는 다른 즐거운 생각을 하거나 좋은 음악을 듣거나, 그날 할 일의 계획을 세우는 식으로 건설적으로 시간을 사용하는 것이 정신건강에 좋다. '요즘 음악을 들을 시간이 부족한데 길이 막힌 김에 실컷 들을 수 있으니 좋은 측면도 있어' 하고 긍정적으로 생각해보는 것은 어떨까? 부정적인 일이라도 극단적으로 나쁘게만 보지 않도록 사고방식을 변화시키는 것이 스트레스를 줄이는 데 효과적이다.

한편, 많은 스트레스는 대인관계에서 온다. 그런데 이 경우역시 다른 사람의 말이나 행동을 자신이 어떻게 생각하는지에 따라서 스트레스를 많이 받을 수도 있고 적게 받을 수도 있다. 친구가 "너 오늘 왜 그렇게 푼수 같니?"라고 반 농담 삼아 한마디 했다고 하자. 이때 '저 친구가 나를 무시한다'라고 생각하면 서운함과 분노가 치밀 것이다. 그러나 '나와 친하니까 이런 농담도 할 수 있는 거지'라고 생각하면 "맞아. 나 오늘 더위 먹은 것 같아. 친구야, 시원한 것 좀 사 주라"와 같은 식으로 농담을 주고받을 수 있게 될 것이다. 평소에 자신이 상황을 해석하는 방식을 잘 살펴봐서 사소한 일을 부정적으로만 해석하는 경향이 있다면 좀 더 유연하고 긍정적인 사고방식을 갖도록 노력할 필요가 있다.

2) 스트레스에서 긍정적인 측면 찾기

스트레스는 무조건 나쁜 것이라고 생각하기 쉽다. 그러나 스트레스가 전혀 없다면 개인이나 사회가 성장하고 발전할 수 없다. 추위에 떠는 고통스러운 경험을 하기 때문에 난방시설을 발명하게 되었고, 어두워서 불편하니까 전구를 발명하게 되었다. 이렇게 부족함을 느끼고 어려움을 겪는다는 것은 현재보다 더 발전할 수 있게 만드는 원동력이 된다. "젊어서 고생은 사서도 한다"는 말 역시 지금의 고통이 장기적으로는 이득이 될 수도 있음을 뜻한다. 현재 하는 일에서 실패를 하거나 어려움을 겪을 때 부정적이고 비관적인 생각만 하게 되면 스트레스는 더 심해지고 더 무기력해지게 된다. 따라서 지금의 고통에서 얻을 수 있는 것이 무엇인지 찾는 것이 좋다. 그리고 그것을 자신을 성장시키는 계기로 활용한다면 지금보다 더 나은 자신을 만들어갈 수 있다.

'실패는 성공의 어머니'라는 말도 고통 없이는 좋은 결과를 얻을 수 없다는 뜻이다. 미국의 위대한 대통령이었던 링컨도 선거에서 여러 번 낙선했고, 과학자인 에디슨도 학교생활에서 뒤처지는 아이였다. 그렇지만 그런 스트레스에도 낙담하지 않고 그것을 자신의 진짜 잠재력을 찾아내는 계기로 만들어서 성공적인 인생을 살 수 있었다. 이처럼 지금 겪는 어려움을 자신의 인내력과 능력을 개발할 좋은 기회라고 생각하고 최선을 다해 극복하고자 노력하면 스트레스는 훨씬 줄어들 것이다.

성적이 나쁘거나 자신감이 부족한 아동 및 청소년에게 어른의 격려는 그들이 건강하게 성장하는 데 큰 도움이 된다. 저자는 초등학교 1학년 때 첫 받아쓰기에서 50점을 받아 "현균이는 참 공부를 못하는구나"라는 선생님의 핀잔을 듣고 의기소침해졌던 경험이 있다. 그런데 "너는 '대기만성大器晩成' 형이라 크게 될 사람은 좀 늦되는 법이야. 우리 딸은 앞으로 점점 더 잘할 거야"라는 부모님의 말씀에 용기를 얻어 한글 공부를 더 열심히 하게 되었고 책 읽기를 즐기게 되었다. 토머스 에디슨, 헬렌 켈러, 엘레노어 루스벨트의 전기를 읽게 하는 것도 성적, 장애, 외모로 고민하는 아동이나 청소년이 좌절하지 않도록 하는 데 도움을 줄 수 있기 때문이다. 현실은 힘들 때가 많지만, 그럼에도 낙관주의를 견지하는 것은 정신건강에 유익하다.

인간관계에서 생기는 갈등도 마찬가지다. 갈등이 생겼을 때 서로 존중하면서 개방적인 의사소통으로 해결하면 그전보다 더 좋은 관계를 맺을 수 있다. 관계가 좋지 않을 때 '우리 사이는 안 돼'라고 생각하지 말고, '지금이야말로 더 좋은 사이로 만들 수 있는 기회야'라고 생각하고 노력한다면 인간관계에서 대부분의 문제는 해결될 수 있다.

3) 지나친 욕심을 버리고 완벽주의에서 벗어나라

스트레스는 외부에서 주어지는 것이라고 생각하기 쉽지만, 우리 자신이 스스로 만들어내는 스트레스도 많다. 자신의 능력보다 지나치게 높은 목표를 세워서 현실적으로 실현할 수 없게 되면 자신이 무능하게 느껴지고 스트레스가 커진다.

학생들이 성적을 올리기 위해 목표를 세우는 것을 봐도 알 수 있다. 하루에 한두 장의 학습지를 풀던 학생이 갑자기 10장씩 하겠다는 목표를 세운다면 대개는 며칠도 못 가고 실패하고 만다. 그러면 자신은 의지가 약해서 큰 일을 할 수 없다고 절망하게 된다. 그와 반대로 처음 한 달간은 서너 장을 하고 그다음 달부터는 대여섯 장을 하는 것으로 목표를 세운다면 충분히 목표를 달성할 수 있다. 이런 과정을 통해 자신감이 생기고 스스로의 생활을 통제할 수 있게 된다. 장기적으로 원대한 목표를 세우는 것도 좋지만, 너무 욕심을 부리면서 막무가내로 밀어붙이는 것보다는 자신에게 적당한 목표를 세우고 최선을 다하겠다는 마음가짐으로 순차적으로 일을 처리하는 것이 스트레스도 줄이고 일의 효율성도 높이는 길이다.

또 사소한 일까지 완벽하게 해야 한다고 생각하면 모든 일이 피곤하게 느껴진다. 자기가 맡은 중요한 일은 철저하게 해야 한다. 그러나 신이 아닌 이상 모든 점에서 완벽하다는 것은 불가능하다. 이것 역시 달성하기 힘든 목표다. 모든 면에서 완벽하게 유능하고 완벽하게 좋은 성격을 가지고 모든 사람과 어떠한 갈등도 없이 살겠다는 것은 현실적으로 불가능한 일이다.

8시간 내에 30장의 보고서를 작성해야 하는 경우를 생각해보자. 이런 경우에 한 시간에 4장 정도를 써야 시간에 맞출 수있다. 그런데 보고서를 완벽하게 작성하려는 사람은 첫 장을완벽하게 쓰기 위해 두세 시간을 써버릴 수 있다. 그렇게 되면시간이 지나갈수록 초조해지고 불안해져서 집중력이 떨어지게 되고, 결국은 도저히 할 수 없다고 포기하는 사태까지 발생한다. 반드시 시간 내에 보고서를 제출해야 하는 경우라면 이런 완벽주의가 결코 도움이 되지 않는다.

완벽해지기 위해 노력하는 것은 좋지만, 그러다 보면 자신이 불완전하다는 것을 끊임없이 확인하게 되기 때문에 스트레스가 된다. 따라서 최선을 다하지만 모든 점에서 완벽할 수는 없다는 것을 받아들이는 마음가짐이 스트레스를 줄이는 데 도움이 된다. 실제로 가장 좋은 결과는 중간 정도의 스트레스를 겪을 때 나타난다.

4) 적극적으로 문제를 해결하자

어려운 문제가 생겼을 때 자신의 힘으로 해결할 수 있는 것이 있고 그럴 수 없는 문제가 있다. 스스로 해결할 수 있는 문제라면 적극적으로 문제를 해결하는 것이 스트레스를 줄이는 방법이다. 해야 할 일이 많을 때 '내일부터 해야지' 하는 식으로 미루지 않는 것이 좋다. 스스로 현 상황을 통제할 수 있다고 생각하면 스트레스가 크지 않다. 따라서 '나는 잘 해낼 수 있다'라는 자기암시를 하면서 상황을 통제 가능하게 만들어야 한다. 그러기 위해서는 무작정 일을 하기보다 할 일에 대한 계획을 먼저 세우는 것이 좋다. 오늘날 시간 관리는 아무리 강조해도 지나치지 않다. 시간을 잘 활용하기 위해서는 몇 가지를 고려해야 한다.

먼저, 꼭 해야만 하는 일들을 중요한 순서대로 번호를 매긴다. 그리고 각각의 일을 하는 데 필요한 시간과 실제 주어진 시간을 계산한다. 하루가 24시간이라는 제한은 우리가 바꿀

수 있는 것이 아니지만, 해야 할 일을 하는 데 걸리는 시간과
실제 자신에게 주어진 시간을 맞추어서 구체적으로 계획을 짜
고, 그 계획을 실천해나가면 스스로 잘 조절할 수 있다는 자
신감이 생기게 된다. 시간 계획은 일 년, 한 달, 일주일, 하루,
한 시간 단위로 짜는 것이 좋으며, 눈에 보이는 곳에 계획표를
두고 수시로 확인하는 것을 습관화하면 좋다. 할 일이 많다고
이것저것 손에 잡히는 대로 일을 하면 효율성도 떨어지고 현
재 상황을 자신이 통제하지 못하는 것처럼 느껴서 엄청난 스
트레스가 된다. 따라서 중요한 일을 먼저 하고, 한 가지 일을
완전히 마무리한 뒤에 다른 일을 하는 것이 좋다.

　대인관계에서 문제가 생겼을 때도 마찬가지다. 지금 이야
기하는 것이 불편하니까 일단 뒤로 미루거나 무조건 자신이

오늘의 할 일	소요 시간	중요도 순위	
바이어 상담	2시간	1	
고객과 면담	2시간	2	필수
직원회의	1시간	4	
보고서 작성	1시간 30분	3	
시장조사	3시간	5	
자료정리	1시간	6	

〈중요도에 따른 시간계획표 예〉

참겠다는 것은 문제를 회피하는 것이다. 시간이 한참 지나고 나서 이야기를 새삼 꺼내기는 더 불편하고, 이런 것이 스트레스를 더 누적시킨다. 따라서 대인관계에서 생긴 문제도 시간이 너무 지나기 전에 적극적으로 해결하려는 노력이 필요하다. 그럴 때의 대화 방식은 앞에서 언급하였다.

5) 자기존중감을 높이자

자기를 존중하고 자신감이 넘치는 사람은 스트레스를 덜 받는다. 이는 그 사람이 유능하고 성공했기 때문만은 아니다. 자기존중감이 높은 사람은 실패했을 때도 좌절하지 않는다. 왜냐하면 몇 번 실패한다고 자신의 가치가 없어지는 것은 아니라고 생각하기 때문이다. 반면에, 자기를 존중하지 않는 사람은 사소한 실패에도 자기가 못났다고 생각해서 자신감이 떨어지고, 그러다 보면 일을 하려는 의욕도 떨어진다. 그래서 자신의 잠재된 능력을 제대로 발휘하지 못하게 된다.

학력, 재력, 외모, 사회적 지위 같은 외적인 기준으로 자신의 가치를 평가하는 사람은 그것을 가진 동안은 잠시 행복할 수 있지만 그것을 잃어버린 후에는 삶의 의미까지 잃어버릴 수 있다. 그래서 그것을 잃지 않으려고 무진 애를 쓴다. 그러나 그 자체가 바로 스트레스이고, 그것을 잃어버릴까 봐 불안해하는 것 또한 엄청난 스트레스가 된다.

오히려 사람의 가치를 외적인 기준에서 찾는 것을 포기하는 것이 현명하다. 쉽게 변하지 않는 내적 측면으로 사람을 평가하는 것이 낫다. 학력이나 직위, 재력에 상관없이 얼마나 성실하게 자기 일에 충실한가, 자신이 하는 일에서 보람을 느끼고 적극적으로 살아가는가, 주변 사람들에게 관심을 갖고 따뜻한 마음을 베풀 수 있는가, 정직하고 책임감이 있고 신뢰할 만한가와 같은 점들에서 사람의 가치를 찾아야 한다. 아무리 많이 배우고 돈이 많다고 해도 이기적이고 불성실하고 무책임하다면 그 사람은 존경받을 가치가 없다. 최고의 권력자라고 해도 정당하지 못한 방법으로 권력을 얻었다면 그 사람은 선망의 대상이라기보다 지탄의 대상이 되는 것을 우리는 많이 보아 왔다.

배운 것이 부족하거나 가난하다고 해서 스스로의 가치를 평가절하하는 것은 어리석은 일일 뿐만 아니라 자신을 성장시키는 데도 도움이 안 된다. 자신의 부족한 점을 보완하고 더 발전하려고 노력하는 것도 중요하고, 기본적으로 성실함이나 따뜻함 같은 내적인 측면에서 자기의 가치를 느낄 수도 있어야 한다. 열심히 했는데 성과가 좋지 않은 경우도 마찬가지다. 눈에 보이는 결과는 실패로 나타날 수 있지만, 그동안의 노력과 열정은 충분히 가치가 있다. 또 실패를 통해서 많은 것을 배우고 다음번에 성공할 수 있는 발판으로 삼을 수 있다. 시험 혹은 승진에 실패했거나 실직했다고 해서 자기를 무가치하게 여기지 말자.

'내가 못나서 이런 일이 생겼어' '나는 항상 되는 일이 없어' 라고 자기를 무가치하게 생각한다면 좌절감과 절망감만 커질 뿐이다. 그러면 다시 일어서려는 의욕도 생기지 않는다. '현재 상태가 어려운 것은 사실이지만, 유능하고 성실한 사람도 실직할 수 있다. 실직한 것이 내가 무능해서는 아니다' 라고 생각하자. 그러면 자신의 능력을 살릴 수 있는 다른 일을 찾아볼 수도 있고, 그것이 여의치 않으면 자기 능력을 더 개발하는 기회로 삼을 수도 있다.

자신이 가치 있다고 생각하는 사람은 가치 있는 일을 하고자 노력하게 되지만, 무가치하다고 생각하는 사람은 무력감에 빠져서 실제로 가치 있는 삶을 살지 못하게 된다. 비록 부족한 것이 많아도 스스로를 존중하는 마음을 갖는 것이 스트레스를 줄여주고 어려운 상황에서도 잘 대처할 수 있게 해준다.

6) 가까운 사람들에게 정서적인 지원을 받자

자신이 해결할 수 있는 스트레스는 앞에서 언급한 여러 가

지 방법을 동원하여 적극적으로 해결하는 것이 좋다. 그렇지
만 살다 보면 사람의 힘으로는 어쩔 수 없는 일을 겪기도 한
다. 갑작스러운 사고를 당하거나 천재지변으로 피해를 보는
경우가 여기에 해당한다. 이런 스트레스를 겪으면 대부분은
'그때 밖에 안 나갔더라면 괜찮았을 텐데' '그때 엄마가 집
에 있었더라면 그런 일은 안 생겼을 텐데' 라고 생각한다.
그런데 이런 생각은 자기에 대한 자책감을 키우거나 다른
사람을 비난하게 만들어 가족 구성원 간의 불화를 더 키우
거나 우울증에 시달리게 만든다. 따라서 이미 일어나버린
일에 대한 명백한 책임자가 있다면 책임을 져야 하지만, 그
렇지 않은 일에 대해서는 '어쩔 수 없는 일이었다' 라고 생
각하고 과거에 집착하지 않는 것이 가장 좋은 방법이다. 과
거에 집착해서 얻을 수 있는 것은 아무것도 없기 때문이다.

성추행이나 성폭행을 당한 여성에게 "밤늦게 돌아다니니
까 그런 일이 생긴 것 아니냐?" "몸가짐이 좋지 않아서 그런
일이 생기지" 하는 식으로 몰아붙이면 피해자는 죄책감에 시
달리고 가족과의 관계도 나빠진다. 성폭행을 당하는 것은 강
도를 당하는 것과 마찬가지로 피해를 당하는 것이다. 강도를
당했을 때 "돈을 갖고 있으니까 강도를 당하지"라고 말하는
사람은 없을 것이다. 강도짓을 한 사람이 나쁜 사람이고, 당한
사람은 운이 없었을 뿐이다. 이럴 때 주변 사람들의 이해와 위

로가 스트레스에서 벗어나게 하는 데 가장 큰 힘이 된다. "네 잘못이 아니다" "그런 일은 강도를 당한 거라고 생각하고 집착하지 마라"라고 말해주는 것이 도움이 된다. 피해자 스스로도 합리적인 방식으로 생각함으로써 후유증에서 빨리 벗어날 수 있다. 이때 믿을 만한 가까운 사람에게 자신이 겪는 심리적인 고통에 대해 이야기하는 것 역시 스트레스를 빨리 벗어던질 수 있는 한 가지 방법이다. '백지장도 맞들면 낫다'는 말이 있듯이, 다른 사람이 관여한다고 해결될 일이 아니라고 생각하지 말고 타인의 위로를 받아들이자. 그것이 고통스러운 감정을 정화하는 데 도움이 될 수 있다.

어쩔 수 없는 불행한 일을 당했을 때 물질적인 도움을 주는 데는 한계가 있지만, 정서적으로 지원해주고 위로해주는 것은 어렵지 않다. '좋은 일이 있는 데는 안 가봐도 되지만, 어려운 일이 있는 곳은 반드시 가봐야 한다'라는 말이 있다. 이것은 스트레스에는 다른 사람의 위로가 가장 큰 약이라는 것을 뜻하는 말이다. 가족이 죽거나 자신이 질병에 걸려도 주변 사람들의 위로가 있으면 빨리 회복할 수 있다. 그래서 평소에 가까운 사람들을 사귀어두는 것이 스트레스를 겪을 때 그것을 잘 극복할 수 있게 해주는 하나의 자원이 된다.

7) 몸을 이완시키는 훈련을 하라

스트레스와 신체 증상 간의 관계에 대해서는 앞에서 설명하였다. 스트레스가 줄어들면 몸 상태도 좋아진다. 또 다른 방법으로, 몸을 직접 이완시키는 훈련을 하면 스트레스 상황에서도 신체 증상을 줄일 수 있다. 자신의 몸이 스트레스에 어떻게 반응하는지를 알고 스스로 신체를 이완시키는 방법을 학습한다면 스트레스의 영향을 최소화할 수 있다.

신체를 직접 이완시키는 가장 간단하고 쉬운 방법은 심호흡을 하는 것이다. 스트레스를 받아 불안하거나 화가 나면 숨이 가빠지고 호흡도 빨라진다. 이런 신체반응은 자동적으로 일어난다. 그렇지만 우리가 의식적으로 이런 자동적인 신체반응을 통제할 수 있다. 천천히 '하나, 둘, 셋, 넷' 숫자를 세면서 숨을 깊이 들이쉬었다가 천천히 내쉬는 것을 반복하면 된다. 중요한 시험이나 면접을 보기 직전에 사람들은 대개 가슴이 두근거리고 심리적으로 안정이 안 된다. 이럴 때 심호흡을 여러 번 하고 나면 마음이 훨씬 진정되는 것을 느낄 수 있다.

근육이완법도 몸의 긴장을 풀어준다. 소위 스트레칭이라고 부르는 팔다리를 쭉쭉 뻗는 동작도 여기에 해당한다. 특히 긴장이 많이 되는 목과 어깨 부위를 주물러주거나 따뜻한 물로 씻어주면 긴장이 풀린다. 심한 긴장으로 온몸이 뻐근하고 무거울 때는 전신의 근육을 풀어주는 것이 좋다. 제이콥슨 Jacobson 박사가 제안한 '근육이완법'을 적용해보면 좋다. 이 방법은 신체 각 부위의 근육을 차례로 긴장시켰다가 이완시키는 것을 반복하는 것이다.

규칙적인 운동도 몸과 마음의 긴장을 풀어준다. 자신의 체력에 맞는 적당한 양의 운동을 일주일에 서너 번 정도 하면 좋

 제이콥슨의 긴장이완훈련

먼저, 앞에서 말한 심호흡을 시작한다. 그리고 호흡에 맞추어서 숨을 들이쉴 때 몸을 긴장시키고 내쉴 때 이완시킨다. 숨을 천천히 들이쉬면서 한쪽 손을 세게 쥐어보자. 근육이 당기는 것을 느낄 것이다. 그다음에는 숨을 내쉬면서 손을 완전히 풀어놓는다. 그러면 조금 전의 긴장했던 때와는 매우 대비되는 감각을 느낄 것이다. 그렇게 여러 번 반복해서 최대한 이완된 상태를 만든다. 그다음에는 다른 쪽 손도 같은 방법으로 이완을 시킨다. 다음에는 왼쪽 다리, 오른쪽 다리, 얼굴 근육, 목, 어깨 등 신체 각 부위를 이런 식으로 최대한 움츠렸다가 펴면서 차례차례 이완시킨다. 여기까지 마치면 마지막으로 전신을 긴장시켰다가 이완시킨다.

약 15분에서 20분 정도 걸리는 이 근육이완 훈련을 계속하면 신체화를 완화시키는 데 도움이 된다. 불면증이 있는 경우에는 잠자기 전에 이 방법을 시도하는 것도 좋다.

다. 그런데 많은 사람이 평소에 운동을 안 하다가 어느 순간부터 해야겠다고 생각하고 갑자기 무리하게 운동을 한다. 한 달에 한두 번 하루 종일 등산을 하는 것은 신체에 갑작스러운 부담을 주므로 오히려 몸에 해롭다. 그보다는 무리하지 않을 정도의 운동을 생활화하는 것이 좋다.

8) 즐거운 일을 찾자

'이 문제만 해결되면 행복할 텐데'라고 생각하면서 항상 그 문제에 집착하다 보면 평생 스트레스에서 벗어나기 힘들다. 한 가지 문제가 해결되면 다른 문제가 또 생기기 때문이다. 산다는 것은 스트레스의 연속이라고 해도 과언이 아니다. 물론 스트레스가 생기면 적극적으로 해결하려고 노력하는 것이 필요하다. 그렇지만 그러는 가운데서도 마음의 여유를 갖고 즐거운 일을 적극적으로 하는 것이 정신건강에 좋다. 그래서 다양한 관심사와 취미를 갖는 것이 스트레스를 줄여주는 한 가지 길이 된다.

우리나라의 많은 남성은 술과 담배로 스트레스를 풀려고 한다. 또 많은 여성은 백화점에 가서 과소비를 하거나 지나치게 많이 먹음으로써 스트레스를 풀려고 하지만 결국에는 후회하고 무기력증에 빠지게 된다. 하지만 정신적으로 지치고 피곤할 때 좋아하는 일에 푹 빠져본다면 새로운 활력을 얻을 수 있다. 미술, 음악, 운동, 여행 등 평소에 좋아하는 일을 만들어두자. 폭력적인 영화보다는 즐겁고 아름다운 영화를 보면 긍정적인 감정을 느껴 몸과 마음의 건강이 좋아진다. 즐거울 때 크게 웃는 웃음도 건강에 이롭다. 웃을 때는 우리 몸 안에서 암세포 같은 나쁜 세포를 죽이는 역할을 하는 자연살상세포의 활동이 증가한다. 웃을 때는 통증도 완화되기 때문에 심각한 류머티즘 환자도 유머 치료법으로 진통제 사용을 줄일 수 있다.

9) 마음챙김 명상과 수용

고통의 의미는 무엇인가? 고통은 없으면 좋은 것일까? 이는 철학적인 질문일 수도 있지만 매우 현실적인 질문일 수도 있다. 신체적 · 심리적 고통은 인간생활에서 보편적이고 정상적인 현상인 경우가 많다. 인생에서 고통을 경험할 수밖에 없는 것은 분명히 특정한 의미와 필요성이 있기 때문이다. 따라서 이런 사실을 받아들이지 않고 고통을 무조건 피하려고만 한다면 오히려 고통을 더 악화시킬 수 있다. 인간의 고통과 관련하여 불교나 동양의 명상가들은 자기를 이해하기 위한 수련에 집중함으로써 삶의 지혜를 얻고자 하였다. 명상과 자기수용

이 스트레스와 불안, 신체 긴장의 완화에 효과가 있다는 연구
는 많다.

자신을 있는 그대로 받아들이는 심리적 수용은 개인적 경
험을 회피하거나 통제하고자 시도하지 않고 현재의 순간을 있
는 그대로 기꺼이 경험하고 알아차리는 것이다(문현미, 2005).
이를 심리적인 문제뿐 아니라 신체 감각이나 증상에 적용하면
신체화를 감소시키는 데 도움이 될 수 있다. 예를 들어, 갑자
기 심장박동이 빨라질 때 그런 현상에 대해 중립적인 태도로
바라본다면 시간이 지나면서 정상적으로 돌아온다는 것을 알
수 있다. 이런 과정을 통해 해롭지 않은 신체 증상이 일어났을
때 이를 과장하지 않고 걱정하지 않게 되므로 신체화 증상은
줄어들 수 있다. 사소한 불편감은 자신에게 왔다가 잠시 후 사
라지게 되므로, 이에 집착하지 말고 자신이 가치 있게 여기는
행동에 전념하는 것이 행복과 삶의 질을 향상시키는 데 도움
이 될 것이다. ◆

5. 전문적인 심리치료

사람에 따라서는 자가치료 방법을 아무리 시도해보려고 해도 잘 안 되는 경우가 있다. 무의식에서 이루어지는 자신의 부정적인 감정이나 대인관계에서의 갈등의 뿌리가 너무 깊고 심각해서 스스로 자기 문제를 찾아내지 못하는 것이다. 또 자기 문제를 어느 정도 알고 있더라도 습관적인 감정 억압이나 잘못된 의사소통 방식이 고쳐지지 않아서 문제가 해결되지 않을 수도 있다.

자신의 노력 여하에 따라 신체화를 완화시킬 수 있는 것은 사실이다. 그러나 신체화가 무엇이고 왜 생기는지를 학문적으로 이해한다고 해서 자기 문제를 스스로 다 해결할 수 있다고 생각하면 안 된다. 스스로의 노력으로 해결되지 않을 때는 반드시 전문가에게 도움을 구해야 한다.

한국심리학회[1]에서 인정하는 자격을 갖춘 임상심리 전문

가, 상담심리 전문가 또는 정신과 전문의를 찾아가서 근본적
인 심리적 문제를 해결하는 것이 신체화를 완화시키는 데 도
움이 된다. 심층적인 심리상담을 통해 자기 자신도 이해할 수
없었던 심리적·신체적 고통에서 벗어날 수 있다. 전문적인
심리상담이나 치료는 이 책에서 다룬 치료방법들을 더 포괄적
이고 깊이 있게 적용해 신체화를 완화시키는 데 효과가 크다.
추천할 만한 치료적 접근법은 다음과 같다.

1) 인지행동치료

인지행동치료는 생각하는 방식과 행동 습관을 바꾸게 함으
로써 신체화를 극복하도록 돕는다. 즉, 신체에 지나치게 주의
를 기울이는 것과 사소한 신체 증상을 잘못 귀인하는 것, 건강
에 대한 완벽주의적인 기준을 수정하는 것 등에 초점을 맞춘
다. 신체와 관련된 생각에서 비합리적이고 경직된 측면을 찾
아내고, 이를 합리적이고 융통성 있게 수정하는 방법을 교육
하며, 반복해서 연습하게 한다. 그 외에도 스트레스, 우울, 불
안, 분노를 일으키는 사고방식을 찾아내고 이를 수정한다. 건

---

1 한국심리학회와 한국임상심리학회 홈페이지에서 공인 자격증을 소
  지한 개업 심리학자를 찾을 수 있다.

강에 좋지 않은 행동이나 생활습관도 교정할 수 있게 도와준 다(Hawton, Salkovskis, Kirk, & Clark, 1989).

신체화에 대한 인지행동치료의 효과는 오랜 기간에 걸쳐 많은 연구를 통해 검증되었다. 1996년부터 2006년까지 신체 화장애, 건강염려증, 전환장애, 통증장애 등을 가진 여러 사 람을 대상으로 무선할당을 사용한 34개의 과학적 연구를 개 관한 결과, 인지행동치료가 13개 연구 중 11개에서 효과를 나 타내어 가장 잘 검증된 치료방법이라고 할 수 있었다. 반면, 그 외의 치료방법은 16개 연구 중 8개에서만 효과를 보여 절 반 정도에서만 효과를 기대할 수 있었다(Kroenke, 2009).

하지만 인지행동치료도 문제 유형이나 개인 특성에 따라 치료 효과에서 차이를 보일 수 있다. 예를 들어, 전환장애와 통증장애의 경우 치료 효과가 좋지 않은 편이라는 보고가 있 다(Kroenke, 2009). 또한 만성피로증후군 환자를 대상으로 인 지행동치료를 실시한 결과, 전반적으로는 삶의 질 향상 및 피 로감 감소의 효과가 크지 않았지만 신경증적인 성향을 가진 경우에는 치료 후 정신적 삶의 질이 호전되었다. 이 결과는 만 성피로증후군 환자 중에서도 특히 심리적인 어려움이 있는 사 람에게서 인지행동치료의 효과를 기대할 수 있음을 의미한다 (Poppe, Petrovic, Vogelaers, & Crombez, 2013).

그리고 과민성대장증후군에도 인지행동치료가 효과적일

수 있다는 연구가 있다. 이 증후군을 가진 자원자에게 컴퓨터를 사용해 노출과 마음챙김을 포함한 인지행동치료를 10주간 실시한 결과, 과민성대장증상과 소화불량에 대한 불안이 감소하고 삶의 질이 향상되었다. 약 60%의 환자에게서 이러한 효과가 나타났으며, 1년 6개월 후까지 치료 효과가 지속되었다(Ljótsson et al., 2011). 이와 유사하게, 휴대용 컴퓨터를 사용해 5주간 인지행동 개입을 실시한 결과, 전반적인 삶의 질이 향상되고 통증 개선과 파국적 사고의 감소가 나타났다(Oerlemans, van Cranenburgh, Herremans, Spreeuwenberg, & van Dulmen, 2011).

이처럼 전반적으로 인지행동치료의 효과를 보여주는 연구는 많다(May, 2004). 최근 울포크Woolfolk와 앨런Allen(2012)은

◆ 특정 신체 증상 및 관련장애에 효과적인 치료 요소

진단명(DSM-IV 기준)	인지행동치료 요소
신체화장애, 기타 신체형장애	• 인지 확인과 재구조화 • 이완훈련, 질병행동의 수정, 행동 활성화 • 정서 표현, 가족의 관여
건강염려증	• 인지 확인과 재구조화 • 노출과 반응 금지
전환장애	• 인지 확인과 재구조화 • 이완훈련, 질병행동의 수정, 행동 활성화

출처: Woolfolk & Allen (2012).

신체화의 인지행동치료에서 각 심리장애별로 효과적인 치료
요소를 정리하였다.

2) 수용-전념치료와 마음챙김 명상

최근 부상하고 있는 인지행동치료의 제3동향으로 수용-전
념치료 또는 마음챙김 명상을 들 수 있다(문현미, 2005; 장현
갑, 2011). 이 방법은 원래 동양의 명상에 근거를 둔 방법으로
스트레스와 불안, 신체 긴장의 완화에 효과가 있다는 연구가
많다.

수용-전념치료Acceptance & Commitment Therapy: ACT는 심리적
수용을 통한 심리적 안녕감과 주관적인 삶의 질 향상에 초점
을 둔다. 인간의 고통은 부정적인 정서나 사고를 통제하려 하
거나 경험을 회피함으로써 심화되고 심리적 경직성과 역기능
적 문제가 발생한다. 따라서 ACT의 목표는 회피 행동을 발생
시키는 인지에서 벗어나게 하고, 자신의 가치에 부합하는 행
동을 더 많이 할 수 있게 하는 것이다. 이를 위해 내적 경험을
수용하게 하고, 불편한 내적 감정을 통제하기 위해 기존에 사
용해온 전략이 비효율적임을 깨닫게 해주며, 가치를 명료화
하고 이를 실현할 수 있는 구체적인 목표와 행동을 기술하게
한다. 이를 통해 가치를 추구하는 데 전념할 수 있게 되고 삶

의 질이 향상된다(문현미, 2005; 문현미, 민병배 공역, 2010). 핵심치료 과정으로는 수용acceptance, 인지적 탈융합cognitive defusion 등이 있으며, 이런 절차를 적용함으로써 신체화를 감소시킬 수 있다는 여러 연구가 최근 이루어지고 있다.

만성통증 환자에게는 ACT가 통증으로 인한 우울, 불안 등을 다루는 데 효과적이었으며(Vowles & McCracken, 2008), 임상장면에서 환자의 분노를 다루는 데 ACT의 적용이 제안되기도 하였다(Eifert & Forsyth, 2011). 국내에서는 아토피를 앓고 있는 성인 환자에게 ACT를 실시한 결과, 피부과적 삶의 질이 향상되고 생활 스트레스와 불안 수준은 감소하는 효과를 보였다(이지연, 손정락, 2009).

대개 치료 효과가 좋지 않다고 알려져 있는 만성통증 환자의 경우, 인지행동치료만큼 ACT가 효과적이라는 연구결과도 최근 보고되었다. 만성통증 환자를 인지행동치료와 수용-전념 치료에 무선할당하여 90분짜리 프로그램을 8회기 실시한 결과, 두 집단 모두 신체 증상이 호전되었으며, 효과 면에서 두 치료 간에 차이는 나타나지 않았다. 또한 단기 치료였음에도 6개월 간 두 방법 모두 치료 효과가 지속되었다. 차이점을 보면, 참여자가 CBT를 더 믿을 만하다고 판단한 반면, 만족도는 ACT를 더 크게 평가해 두 치료방법이 각각 특유의 장점을 지님을 알 수 있다(Wetherell et al., 2011).

마음챙김 또한 자신의 내적 상태에 주의하고 수용하는 훈련을 통해 스트레스와 신체 증상을 완화시키는 효과를 가져온다. 마음챙김 명상은 여대생의 기능성 소화불량 완화에 효과적이었다(김미리혜, 김정호, 김주희, 2013). 또한 만성통증을 경험하는 근로자를 대상으로 마음챙김 명상에 기반한 스트레스 감소 프로그램을 실시한 결과, 통증과 신체화 증상이 감소하고 그 외에 우울, 불안 등도 완화되는 효과를 보였다(김수지, 안상섭, 2009).

마음챙김이나 수용-전념치료가 이런 효과를 보인 기제를 살펴보면, 탈융합이나 수용기법 등이 전반적인 신체 긴장과 스트레스를 완화시킬 뿐 아니라 분노 등 부정적인 감정을 인식하고 감소시키며(유진아, 현명호, 이시정, 2013), 신체 감각에 대한 불안민감성을 줄여줌으로써(권효석, 이장한, 2010) 신체 증상을 감소시키는 데 효과적인 것으로 보인다. 그러나 이 방법이 모든 신체 증상에 효과가 있는지에 대한 결론을 내리려면 연구가 더 필요하다. 단기간의 마음챙김이 근육통 환자의 통증 완화에 효과가 있는지를 검토한 6개의 연구결과를 종합해보면, 통증 완화와 삶의 질 향상을 가져오긴 했지만 그 효과의 정도는 크지 않았다. 또한 장기적으로 효과가 지속되는지에 대한 결론 역시 내리기 어려웠다(Lauche, Cramer, Dobos, Langhorst, & Schmidt, 2013).

3) 정신분석치료

앞에서 살펴본 것과 같이 정신분석적 입장에서는 신체 증상 및 관련장애의 원인과 치료에 대한 심층적인 설명을 제공한다. 신체화는 표현되지 못한 감정이 다른 통로, 즉 신체를 통해 표출된 것으로 이해할 수 있다. 또한 자신도 인식하지 못하는 감정이나 욕구를 타인과 의사소통하는 방법으로 신체화가 사용되기도 한다. 신체화의 또 다른 의미는 자신의 잘못에 대해 스스로를 처벌하거나 심리적인 문제를 잘 해결하지 못할때 어린 시절로 퇴행하는 것일 수 있다. 어린아이는 자신의 고통을 언어로 표현하기 어려우므로 몸으로 표현하는데, 성인이 되어서도 현재의 어려움에 잘 대처하지 못하면 어린 시절에 익숙했던 신체반응을 나타내는 퇴행 현상을 보일 수 있다.

질병불안장애는 상처받고 버림받고 사랑받지 못함에 대한 분노에서 비롯된다고 보고 있다. 이들은 고통스러운 생각과 분노 감정을 외부에 토로하지 못하고 신체에 대한 과도한 관심을 보이는 것으로 그것을 나타낸다(Brown & Vaillant, 1981: 권석만, 2013에서 재인용). 또한 전환장애는 다양한 심리적 갈등이 억압되어 신체 증상으로 전환된 것으로 보고 있다.

정신분석치료의 목표는 단순히 증상의 제거가 아닌 무의식적인 측면을 의식화하여 현실적이고 자유로운 선택과 결정을 할 수 있는 능력을 갖게 하는 것이다. 즉, 자기이해를 기반으로 자기성장을 촉진시킴으로써 현실을 정확하게 파악하게 하여 어려움에 성숙하게 대처할 수 있도록 한다(윤순임 등, 1995).

정신분석치료의 원리를 신체화 치료에도 적용할 수 있는데, 신체화에 대한 개념화를 바탕으로 뿌리 깊은 부정적인 정서와 심리적 갈등을 찾아내고 스스로 자신의 문제를 알게 하도록 돕는 과정이 필요하다. 그렇게 함으로써 당면한 어려움을 신체화로 나타내지 않으면서 스스로 버텨나갈 수 있게 된다. 신체화는 평소에 자신도 잘 의식하지 못하는 심층적인 무의식 과정을 탐색함으로써 그 원인을 밝힐 수 있다. 궁극적으로 무의식이 아닌 의식적 수준에서 자기 문제를 다룰 수 있게 하여 부정적인 감정을 정화하고 감정 표현 능력을 향상시키며, 주변 사람들과의 관계에서 생기는 갈등을 건설적으로 해결해나갈 수 있다. 이런 과정을 통해 신체화를 완화시킬 수 있게 된다. ❖

참고문헌

고선자, 손정락(2008). 경험분노조절 집단 프로그램이 신체화 경향이 있는 대학생의 분노억압과 신체화 증상에 미치는 효과. 한국심리학회지: 건강, 13(1), 185-203.

권석만(1996). 임상심리학에서의 비교문화적 연구: 정신병리에 나타난 한국문화와 한국인의 특성. 1996년도 한국심리학회 동계연구 세미나 발표집, 105-133.

권석만(2013). 현대 이상심리학(2판). 서울: 학지사.

권효석, 이장한(2010). 인지적 탈융합 처치를 통한 불안민감성 감소: 호흡계 증상에 대한 두려움을 중심으로. 한국심리학회지: 임상, 29(3), 745-760.

김명정, 김광일(1984). 신체화장애의 임상적 연구. 정신건강연구, 2, 135-157.

김미리혜, 김정호, 김주희(2013). 마음챙김 명상이 여대생들의 기능성 소화불량증 증상과 심리적 특성에 미치는 효과: 예비적 연구. 한국심리학회지: 건강, 18(1), 53-68.

김서윤, 하은혜(2009). 청소년의 스트레스와 신체화의 관계에서 신체감각 증폭지각 및 신체적 귀인의 매개효과. 한국놀이치료학회지, 12(2), 149-162.

김수지, 안상섭(2009). 한국형 마음챙김 명상에 기반한 스트레스 감소 프로그램이 만성통증에 미치는 효과. 한국심리학회지: 사회문제,

15(3), 359-375.

김용희(2006). 애착과 신체화의 관계에 대한 자기개념 변인의 매개효과. 한국심리학회지: 건강, 11(1), 25-36.

김혜란, 박경(2006). 생활스트레스와 분노가 여성의 신체화에 미치는 영향. 심리치료, 6(1), 47-63.

문현미(2005). 인지행동치료의 제3동향. 한국심리학회지: 상담 및 심리치료, 17(1), 15-33.

문현미, 민병배 공역(2010). 마음에서 빠져나와 삶 속으로 들어가라[*Get Out of Your Mind and Into Your Life*]. (S. C. Hayes & S. Smith 저). 서울: 학지사. (원전은 2005년에 출판).

민성길(1989). 홧병의 개념에 대한 연구. 신경정신의학, 28, 604-616.

박문규, 손정락(2011). 신체화 집단의 인지 편향 및 주의력과 기억력 저하. 한국심리학회지: 건강, 16(3), 623-641.

보건복지부(2013). 아동학대 신고의무자 PPT 교육자료. 보건복지통계연보(제59호). 2014. 3. 18. 자료 인출.

손정락(2010). 긴장형 두통의 건강심리학적 평가. 한국심리학회지: 건강, 15(4), 583-600.

신현균(1998a). 신체화 집단의 신체감각에 대한 해석, 추론 및 기억 편향. 서울대학교 일반대학원 박사학위논문.

신현균(1998b). 신체화의 문화 간 차이. 심리과학, 7(1), 75-91.

신현균(2000). 부정적 정서, 감정 표현 불능증, 신체감각 증폭지각, 및 신체적 귀인이 신체화에 미치는 영향: 매개모델의 검증. 한국심리학회지: 임상, 19(1), 17-32.

신현균(2002). 청소년의 학업 부담감, 부정적 정서, 감정 표현 불능증 및 지각된 부모양육행동과 신체화 증상과의 관계. 한국심리학회지: 임상, 21(1), 171-187.

신현균(2006). 우울한 기분상태가 신체화집단의 자기초점적 주의, 신체감각증폭지각, 신체귀인 및 신체화 증상에 미치는 영향. 한국심리학회지: 임상, 25(2), 467-488.

신현균, 원호택(1997). 한국판 감정 표현 불능증 척도 개발 연구. 한국심리학회지: 임상, 16(2), 219-231.

오영희(1995). 용서를 통한 恨의 치유: 심리학적 접근. 한국심리학회지: 상담 및 심리치료, 7(1), 70-94.

원호택, 신현균(1998a). 신체화의 인지 특성 연구(2): 신체화 환자의 신체감각에 대한 지각, 귀인 및 기억 편향. 한국심리학회지: 임상, 17(2), 41-54.

원호택, 신현균(1998b). 신체화의 인지 특성 연구(1): 한국판 신체감각 증폭척도와 증상해석 질문지의 신뢰도와 타당도 연구. 한국심리학회지: 임상, 17(2), 33-39.

원호택, 신현균, 정희연(1998). 신체화 집단의 질병 추론 편향. 한국심리학회지: 임상, 17(1), 235-246.

유진아, 현명호, 이시정(2013). 인지적 탈융합 기법이 분노감소에 미치는 영향. 한국심리학회지: 임상, 32(3), 683-698.

윤순임, 이죽내, 김정희, 이형득, 이장호, 신희천(1995). 현대상담 · 심리치료의 이론과 실제. 서울: 중앙적성출판사.

이기연(1988). 한국인 신체화장애의 진단기준에 관한 횡문화적 비교 및 우울증과의 상관관계. 연세대학교 일반대학원 박사학위논문.

이성동, 민영일, 한오수(1993). 과민성대장증후군 환자의 심리적 특성. 신경정신의학, 32(2), 202-211.

이지연, 손정락(2009). 수용-전념 집단 프로그램이 성인 아토피 환자들의 생활 스트레스, 상태불안 및 피부과적 삶의 질에 미치는 효과. 한국심리학회지: 건강, 14(2), 465-480.

장현갑(2011). 마음챙김 명상에 바탕둔 스트레스 완화란 무엇이며, 어떻게 수행해야 하는가? 한국명상치유학회지, 2(1), 71-81.

정계숙(2009). 정서 관련 아동 및 부모 양육 변인에 따른 초등학교 아동의 신체화 증상. 아동학회지, 30(4), 155-171.

정선미, 김진호(2009). 초등학교 고학년의 감정 표현 불능증과 신체화 증상과의 관계. 한국학교보건학회지, 22(2), 125-135.

정승필, 이근미(2007). 만성피로증후군. 영남의대학술지, 24(1), 1-10.

조현주, 전태연, 채정호, 우영섭, 최정은, 기백석(2007). 우울장애의 불안, 신체화, 분노 증상과 정서조절방략과의 관계. 한국심리학회지: 임상, 26(3), 663-679.

최상진(1991). '한(恨)'의 사회심리학적 개념화 시도. 한국심리학회 연차학술발표대회 논문집, pp. 339-350.

최상진, 이요행(1995). 한국인 홧병의 심리학적 개념화 시도. 한국심리학회 '95 연차대회 학술발표논문집, pp. 327-338.

한정옥, 이종섭, 민성길(1997). 한에 대한 정신의학적 연구. 신경정신의학, 36(4), 603-611.

American Psychiatric Association. (2013). *Diagnostic and statistical manual of mental disorders* (5th ed.). Washington, DC: author.

Barsky, A. J., & Klerman, G. L. (1983). Overview: Hypochondriasis, bodily complaints, and somatic styles. *American Journal of Psychiatry, 140,* 273-283.

Barsky, A. J., Wyshak, G., & Klerman, G. L. (1990). The somatosensory amplification scale and its relationship to hypochondriasis. *Journal of Psychiatry, Research, 24,*

323-334.

De Gucht, V., & Fischler, B. (2002). Somatization: A critical review of conceptual and methodological issues. *Psychosomatics, 43*(1), 1-9.

Dimsdale, J. E., Creed, F., Escobar, J., Sharpe, M., Wulsin, L., Barsky, A. et al. (2013). Somatic symptom disorder: An important change in DSM. *Journal of Psychosomatic Research, 75*(3), 223-228.

Eifert, G. H., & Forsyth, J. P. (2011). The application of acceptance and commitment therapy to problem anger. *Cognitive and Behavioral Practice, 18*(2), 241-250.

Esterling, B. A., L' Abate, L., Murray, E. J., & Pennebaker, J. W. (1999). Empirical foundations for writing in prevention and psychotherapy: Mental and physical health outcomes. *Clinical Psychology Review, 19*(1), 79-96.

Hawton, K., Salkovskis, P. M., Kirk, J., & Clark, D. M. (1989). *Cognitive behaviour therapy for psychiatric problems: A practical guide.* New York: Oxford University.

Kawanishi, Y. (1992). Somatization of Asians: An artifact of western medicalization? *Transcultural Psychiatric Research Review, 29*, 5-36.

Kellner, R. (1991). *Psychosomatic syndromes and somatic symptoms.* Washington, DC: American Psychiatric.

Kellner, R. (1994). Psychosomatic syndromes, somatization and Somatoform disorders. *Psychotherapy and Psychosomatics, 61*, 4-24.

Kirmayer, L. J., & Robbins, J. M. (1991). *Current concepts of somatization: Research and clinical perspectives.* Washington, DC: American Psychiatric.

Kirmayer, L. J. (1984). Culture, affect and somatization. *Transcultural Psychiatric Research Review, 21,* 159–188.

Kirmayer, L. J., Robbins, J. M., & Paris, J. (1994). Somatoform disorders: Personality and the social matrix of somatic distress. *Journal of Abnormal Psychology, 103,* 125–136.

Kroenke, K. (2009). Efficacy of treatment for Somatoform disorder: A review of randomized controlled trials. *The Journal of Lifelong Learning in Psychiatry, 7*(3), 414–423.

Lacourt, T., Houtveen, J., & van Doornen, L. (2013). "Functional somatic syndromes, one or many?": An answer by cluster analysis. *Journal of Psychosomatic Research, 74*(1), 6–11.

Lauche, R., Cramer, H., Dobos, G., Langhorst, J., & Schmidt, S. (2013). A systematic review and meta-analysis of mindfulness-based stress reduction for the fibromyalgia syndrome. *Journal of Psychosomatic Research, 75*(6), 500–510.

Lipowski, Z. J. (1988). Somatization: The concept and its clinical application. *American Journal of Psychiatry, 145*(11), 1358–1368.

Ljótsson, B., Hedman, E., Lindfors, P., Hursti, T., Lindefors, N., Andersson, G. et al. (2011). Long-term follow-up of internet-delivered exposure and mindfulness based treatment for irritable bowel syndrome. *Behaviour*

Research and Therapy, 49(1), 58-61.

Margot, W. M., Ingrid, A. A., Just, A. H. E., & Albert, M. (2004). Somatoform disorders in general practice: Prevalence, functional impairment and comorbidity with anxiety and depressive disorders. *The British Journal of Psychiatry, 184,* 470-476.

May, F. (2004). Somatization disorder: A practical review. *Canadian Journal of Psychiatry, 49*(10), 652-662.

Mentzos, S. (1982). *Neurotische Konfliktverarbeitung.* Munchen: Kindler Verlag GambH.

Mumford, D. B. (1993). Somtization: A transcultural perspective. *International Review of Psychiatry, 5,* 231-242.

Oerlemans, S., van Cranenburgh, O., Herremans, P., Spreeuwenberg, P., & van Dulmen, S. (2011). Intervening on cognitions and behavior in irritable bowel syndrome: A feasibility trial using PDAs. *Journal of Psychosomatic Research, 70*(3), 267-277.

Pennebaker, J. W., & Susman, J. R. (1988). Disclosure of traumas and psychosomatic processes. *Social Science & Medicine, 26*(3), 327-332.

Poppe, C., Petrovic, M., Vogelaers, D., & Crombez, G. (2013). Cognitive behavior therapy in patients with chronic fatigue syndrome: The role of illness acceptance and neuroticism. *Journal of Psychosomatic Research, 74*(5), 367-372

Porcelli, P., Guidi, J., Sirri, L., Grandi, S., Grassi, L., Ottolini, F. et al. (2013). Alexithymia in the medically ill. Analysis of 1190 patients in gastroenterology, cardiology, oncology and dermatology. *General Hospital Psychiatry, 35*(5), 521-527.

Schoth, D. E., Nunes, V. D., & Liossi, C. (2012). Attentional bias towards pain-related information in chronic pain: A meta-analysis of visual-probe investigations. *Clinical Psychology Review, 32*(1), 13-25.

Singer, J. L. (1990). *Repression and dissociation: Implications for personality, psychopathology and health.* Chicago: University of Chicago.

Taylor G. J. (1987). *Psychosomatic medicine and contemporary psychoanalysis.* Madison Connecticut: International Universities.

Taylor, G. J., Bagby, R. M., & Parker, J. D. A. (1991). The alexithymia construct: A potential paradigm for psychosomatic medicine. *Psychosomatics, 32*(2), 153-164.

Thoua, N. M., & Murray, C. D. (2011). Irritable bowel syndrome. *Medicine, 39*(4), 214-217.

Tung, M. P. M. (1994). Symbolic meaning of the body in Chinese culture and "somatization". *Culture, Medicine and Psychiatry, 18,* 483-492.

Valero, S., Sáez-Francás, N., Calvo, N., Alegre, J., & Casas, M. (2013). The role of neuroticism, perfectionism and depression in chronic fatigue syndrome. A structural equation modeling approach. *Comprehensive Psychiatry, 54*(7), 1061-1067.

Vowles, K. E., & McCracken, L. M. (2008). Acceptance and

values-based action in chronic pain: A study of treatment effectiveness and process. *Journal of Consulting and Clinical Psycholosy, 76*(3), 397-407.

Warwick, H. M. C., & Salkovskis, P. M. (1990). Hypochondriasis. *Behaviour Research and Therapy, 28*, 105-117.

Watson, D., & Clark, L. A. (1984). Negative affectivity: The disposition to experience aversive emotional states. *Psychological Bulletin, 96*, 465-490.

Watson, D., & Pennebaker, J. W. (1989). Health complaints, stress, and distress: Exploring the central role of negative affectivity. *Psychological Review, 96*, 234-254.

Wetherell, J. L., Afari, N., Rutledge, T., Sorrell, J. T., Stoddard, J. A., Petkus, A. J. et al. (2011). A randomized, controlled trial of acceptance and commitment therapy and cognitive-behavioral therapy for chronic pain. *Pain, 152*(9), 2098-2107.

Woolfolk, R. L., & Allen, L. A. (2012). Cognitive behavior therapy for Somatoform disorders. In I. R. De Oliveira (Ed.), *Standard and innovative strategies in cognitive behavior therapy* (pp. 117-144). InTech. www. intechopen.com/download/pdf/31827?

Zijlema, W. L., Stolk, R. P., Löwe, B., Rief, W., White, P. D., & Rosmalen, J. G. M. (2013). How to assess common somatic symptoms in large-scale studies: A systematic review of questionnaires. *Journal of Psychosomatic Research, 74*(6), 459-468.

찾아보기

《인 명》

《내 용》

◎ 저자 소개

신현균(Hyun-Kyun Shin)
서울대학교 심리학과를 졸업하고 동 대학원에서 임상심리학 전공으로 석
사학위와 박사학위를 받았다. 임상심리전문가와 정신보건임상심리사(1급)
자격을 소지하고 있으며, 현재 전남대학교 심리학과 교수로 재직 중이다.
신체화와 아동심리치료에 관한 다수의 논문과 저서가 있다.

ABNORMAL PSYCHOLOGY 11

신체 증상 및 관련장애 아무 이유도 없이 몸이 아프다면

Somatic Symptom and Related Disorders

2016년 3월 30일 2판 1쇄 발행
2024년 1월 25일 2판 3쇄 발행

지은이 • 신 현 균

펴낸이 • 김 진 환

펴낸곳 • (주) **학지사**

04031 서울특별시 마포구 양화로 15길 20 마인드월드빌딩 5층

대표전화 • 02) 330-5114   팩스 • 02) 324-2345

등록번호 • 제313-2006-000265호

홈페이지 • http://www.hakjisa.co.kr
인스타그램 • https://www.instagram.com/hakjisabook/

ISBN 978-89-997-1011-7 94180
ISBN 978-89-997-1000-1 (set)

정가 9,500원

출판미디어기업 **학지사**

간호보건의학출판 **학지사메디컬** www.hakjisamd.co.kr
심리검사연구소 **인싸이트** www.inpsyt.co.kr
학술논문서비스 **뉴논문** www.newnonmun.com
원격교육연수원 **카운피아** www.counpia.com